선비촌
사자소학

발행일 | 2015년 2월 25일 초판 발행
저 자 | 권용선
편찬위원 | 宋孝根, 鄭光漢, 鄭光永
발행인 | 정용수
발행처 | 예문사
주 소 | 경기도 파주시 직지길 460(출판도시) 도서출판 예문사
T E L | 031) 955-0550
F A X | 031) 955-0660
등록번호 | 11-76호

정가 : 11,000원

- 이 책의 어느 부분도 저작권자나 발행인의 승인 없이 무단 복제하여 이용할 수 없습니다.
- 파본 및 낙장은 구입하신 서점에서 교환하여 드립니다.

http : //www.yeamoonsa.com
ISBN 978-89-274-1286-1 13700

이 도서의 국립중앙도서관 출판예정도서목록(CIP)은 서지정보유통지원시스템 홈페이지(http://seoji.nl.go.kr)와 국가자료공동목록시스템(http://www.nl.go.kr/kolisnet)에서 이용하실 수 있습니다.(CIP제어번호: CIP2015004424)

十看不如一讀이요.
(열 번 눈으로 보기만 하는 것은 한번 소리 내어 읽는 것만 못하고)

十讀不如一書이다.
(열 번 소리 내어 읽는 것은 한번 정성들여 쓰는 것만 못하다)

머리말

사자소학(四字小學)은 주희의 소학(小學)과 기타 경전(經傳)의 내용을 알기 쉽게 생활 한자로 편집한 한자의 입문서로서, 전통적으로 우리 조상들이 서당에서 학동들에게 한자를 가르치기 위해 엮어 만든 기초 한자 교과서라고 할 수 있다.

사자소학은 어려서부터 각 가정에서 시작되는 가족에 대한 바른 마음가짐과 부모님에 대한 효도, 형제간의 우애, 친구 사귀기, 스승 섬기기 등을 올바르게 가르치기 위한 도덕 교육과 종합적인 인성 교육을 중심으로 구성된 것이 특징이다.

수백년을 이어져 내려온 전통의 서당 학습에 가장 과학적이고 체계적인 학습법을 도입하여 어린이는 물론 학생, 직장인, 주부 등 남녀 노소 누구나 학습할 수 있는 한자 프로그램으로 편집하였다.

현대 문명의 이기 속에서 자칫 잃어버리기 쉬운 옛것에 대한 정서 함양을 위해 한자 공부와 함께 정신 교육, 예절 교육 등을 삽입하였고, 인성과 예절을 중점적으로 내용를 다양하게 구성하여 재미있고 흥미롭게 한문을 익힐 수 있도록 제작하였다.

본서는 어린이들의 정서 함양과 우리 전통 문화의 뿌리를 이해시키는 데 큰 도움을 주고, 갈수록 중요시·보편화되고 있는 한자 조기 교육에 효과적인 학습 교재로서의 역할은 물론, 현대 사회의 도덕성 회복과 인성 교육을 위한 교재의 표본으로 충분한 가치를 다할 것이다.

본서를 출간한 홍익교육 아이한자는 이미 전국을 대상으로 한자 콘텐츠를 서비스 중이며, 유치원, 어린이집, 각급 학교, 평생 교육 전문기관 및 각 지방자치단체 등에 콘텐츠를 제공하고 있다.

독자 여러분들의 유익한 성과를 기대하면서, 홍익교육의 한자 관련 도서를 애용하시는 것에 대하여 깊은 감사를 드립니다.

2015년 弘益敎育 善海 權容璿(권용선)

四字小學 사자소학

제1편 부모님의 은혜	6
고사성어	8
제2편 부모님 섬기기 ①	25
제3편 부모님 섬기기 ②	40
고사성어	42
제4편 형제의 우애 ①	55
제5편 형제의 우애 ②	73
제6편 친구 사귀기	94
고사성어	96
제7편 스승 섬기기	115
확인문제 정답	135

人性・禮節 인성・예절

1. 애국가 및 삼강오륜	143
2. 주자십회	144
3. 계보도	145
4. 나의 뿌리	146
5. 지방 쓰기 사례	147
6. 제수의 진설 방법 및 제사상 차림도	148
7. 제사의 순서	149
8. 사계절 및 24절후	150
9. 십간 및 십이지	152
10. 사주팔자	153
11. 육십갑자	154
12. 예절의 상식	155
13. 나이를 나타내는 호칭	156
14. 조선시대 품계표	157
15. 선비의 하루	158

제1편 부모님의 은혜

四字小學

학습 계획

1회	父生我身 부생아신	母育吾身 모육오신
2회	腹以懷我 복이회아	乳以哺我 유이포아
3회	以衣溫我 이의온아	以食飽我 이식포아
4회	恩高如天 은고여천	德厚似地 덕후사지
5회	爲人子者 위인자자	曷不爲孝 갈불위효
6회	父母呼之 부모호지	唯而必趨 유이필추
7회	父母責之 부모책지	勿怒勿答 물노물답
8회	侍坐父母 시좌부모	勿踞勿臥 물거물와

9회	父母出入 부모출입	每必起立 매필기립
10회	勿立門中 물립문중	勿坐房中 물좌방중
11회	須勿大唾 수물대타	亦勿大言 역물대언
12회	手勿雜戲 수물잡희	口勿雜談 구물잡담
13회	獻物父母 헌물부모	跪而進之 궤이진지
14회	與我飲食 여아음식	端坐受之 단좌수지
15회	器有飲食 기유음식	不與勿食 불여물식
16회	居則致敬 거즉치경	有命必從 유명필종

고사성어 ①

1. 見物生心(견물생심)   어떠한 실물을 보게 되면 그것을 가지고 싶은 욕심이 생김
2. 公明正大(공명정대)   하는 일이나 행동이 사사로움이 없이 떳떳하고 올바름
3. 敎學相長(교학상장)   남을 가르치는 일과 배우는 일은 서로에게 도움이 됨
4. 九死一生(구사일생)   아홉 번 죽을 뻔하다 한 번 살아난다는 뜻으로, 죽을 고비를 여러 번 넘기고 간신히 살아남
5. 今時初聞(금시초문)   바로 지금 처음으로 들음
6. 男女平等(남녀평등)   남자와 여자의 법률적 권리나 사회적 대우가 성별에 따라 차별이 없음
7. 同苦同樂(동고동락)   괴로움도 즐거움도 함께함
8. 東問西答(동문서답)   물음과는 전혀 상관없는 엉뚱한 대답
9. 東西古今(동서고금)   동양과 서양, 옛날과 지금을 통틀어서 하는 말
10. 同姓同本(동성동본)   성(姓)과 본관(本貫:시조(始祖)가 난 곳)이 모두 같음
11. 同化作用(동화작용)   외부에서 섭취한 에너지를 자체의 고유성분으로 변화시키는 일
12. 馬耳東風(마이동풍)   동풍이 말의 귀를 스쳐간다는 뜻으로, 남의 말을 귀담아 듣지 않고 흘려버림
13. 聞一知十(문일지십)   하나를 듣고 열 가지를 미루어 안다는 뜻으로, 지극히 총명함을 이르는 말
14. 門前成市(문전성시)   출세를 하거나 유명해져서 찾아오는 사람이 많음
15. 百年大計(백년대계)   먼 앞날까지 미리 내다보고 세우는 크고 중요한 계획
16. 白衣民族(백의민족)   흰옷을 입은 민족이라는 뜻으로, '한민족'을 이르는 말
17. 百戰百勝(백전백승)   싸울 때마다 다 이김
18. 奉仕活動(봉사활동)   남을 위하여 자신을 돌보지 아니하고 힘을 바쳐 애씀
19. 父傳子傳(부전자전)   성격이나 생활 습관 따위가 아버지로부터 대물림된 것처럼 같거나 비슷함을 이르는 말
20. 不問可知(불문가지)   묻지 않아도 알 수 있음

1회

父生我身 : **부생아신**
아버지께서 나의 몸을 이 세상에 태어나게 하시고

母育吾身 : **모육오신**
어머니께서 나의 몸을 기르셨다.

父	生	我	身
아버지 부	날 생	나 아	몸 신
父	生	我	身

母	育	吾	身
어머니 모	기를 육	나 오	몸 신
母	育	吾	身

2회

腹以懷我 : **복이회아**
어머니께서는 뱃속에 나를 품으시고

乳以哺我 : **유이포아**
젖으로써 나를 먹여 기르셨다.

腹	以	懷	我
배 복	써 이	품을 회	나 아
腹	以	懷	我

乳	以	哺	我
젖 유	써 이	먹일 포	나 아
乳	以	哺	我

四字小學 확인문제

1-2회　　부모님의 은혜　　[정답 135페이지]

01 다음 (　) 안에 알맞은 음(소리)을 보기 에서 찾아 써 보세요.

> 보기
> ① 모육오신　② 유이포아　③ 부생아신　④ 복이회아
> ⑤ 어머니　⑥ 나　⑦ 아버지　⑧ 젖

① 父生我身(　　) : (　　)께서 나의 몸을 이 세상에 태어나게 하시고

② 母育吾身(　　) : (　　)께서 나의 몸을 기르셨다.

③ 腹以懷我(　　) : 어머니께서는 뱃속에 (　　)를 품으시고

④ 乳以哺我(　　) : (　　)으로써 나를 먹여 기르셨다.

02 다음 보기 에 있는 한자를 찾아 (　) 안에 써 보세요.

> 보기
> ① 腹以懷我　② 乳以哺我　③ 母育吾身　④ 父生我身

① 부생아신(　　)　　② 복이회아(　　)

③ 유이포아(　　)　　④ 모육오신(　　)

03 다음 한자의 훈(뜻)과 음(소리)을 (　) 안에 써 보세요.

> 예　水 ➡ (물 수)

① 父(　)　② 母(　)　③ 我(　)　④ 生(　)

⑤ 腹(　)　⑥ 乳(　)　⑦ 身(　)　⑧ 哺(　)

⑨ 以(　)　⑩ 育(　)　⑪ 懷(　)　⑫ 吾(　)

3회

以衣溫我 : 이의온아
옷을 입힘으로써 나를 따뜻하게 해 주셨고

以食飽我 : 이식포아
밥을 먹임으로써 나를 배부르게 해 주셨다.

以	衣	溫	我
써 이	옷 의	따뜻할 온	나 아
以	衣	溫	我

以	食	飽	我
써 이	먹을(밥) 식	배부를 포	나 아
以	食	飽	我

4회

恩高如天 : 은고여천
(그러므로) 그 은혜가 하늘과 같이 높고

德厚似地 : 덕후사지
그 덕은 땅과 같이 두텁다.

恩	高	如	天
은혜 은	높을 고	같을 여	하늘 천
恩	高	如	天

德	厚	似	地
큰 덕	두터울 후	같을 사	땅 지
德	厚	似	地

四字小學 확인문제   3-4회   부모님의 은혜   [정답 135페이지]

01 다음 (   ) 안에 알맞은 음(소리)을 보기 에서 찾아 써 보세요.

> 보기 ① 이의온아   ② 덕후사지   ③ 옷   ④ 이식포아
>   ⑤ 덕   ⑥ 은혜   ⑦ 밥   ⑧ 은고여천

① 以衣溫我(   ) : (   )을 입힘으로써 나를 따뜻하게 해 주셨고

② 以食飽我(   ) : (   )을 먹임으로써 나를 배부르게 해 주셨다.

③ 恩高如天(   ) : (그러므로) 그 (   )가 하늘과 같이 높고

④ 德厚似地(   ) : 그 (   )은 땅과 같이 두텁다.

02 다음 보기 에 있는 한자를 찾아 (   ) 안에 써 보세요.

> 보기 ① 德厚似地   ② 以食飽我   ③ 恩高如天   ④ 以衣溫我

① 이식포아(   )   ② 은고여천(   )

③ 덕후사지(   )   ④ 이의온아(   )

03 다음 한자의 훈(뜻)과 음(소리)을 (   ) 안에 써 보세요.

> 예 父 ➡ (아버지 부)

① 似(   )   ② 德(   )   ③ 食(   )   ④ 我(   )
⑤ 厚(   )   ⑥ 飽(   )   ⑦ 以(   )   ⑧ 地(   )
⑨ 高(   )   ⑩ 天(   )   ⑪ 恩(   )   ⑫ 如(   )
⑬ 衣(   )   ⑭ 溫(   )

5회

爲人子者 : **위인자자**
❸ ❶ ❷ ❹
그러니 사람의 자식으로 태어나

曷不爲孝 : **갈불위효**
❶ ❹ ❸ ❷
어찌 효도를 하지 않을 수 있으리요.

爲	人	子	者
할 위	사람 인	아들 자	놈 자
爲	人	子	者

曷	不	爲	孝
어찌 갈	아닐 불(부)	할 위	효도 효
曷	不	爲	孝

6회

父母呼之 : **부모호지**
❶ ❷ ❹ ❸
부모님께서 이를(나를) 부르시거든

唯而必趨 : **유이필추**
❶ ❸ ❷ ❹
대답하고 반드시 달려가야 한다.

父	母	呼	之
아버지 부	어머니 모	부를 호	이(갈) 지
父	母	呼	之

唯	而	必	趨
대답할 유	말이을 이	반드시 필	달릴 추
唯	而	必	趨

四字小學 확인문제

5-6회 부모님의 은혜   [정답 135페이지]

01 다음 (   ) 안에 알맞은 음(소리)을 보기 에서 찾아 써 보세요.

> 보기 ① 부모   ② 효도   ③ 부모호지   ④ 위인자자
>   ⑤ 반드시 ⑥ 유이필추 ⑦ 사람   ⑧ 갈불위효

1. 爲人子者(   ) : 그러니 (   )의 자식으로 태어나
2. 曷不爲孝(   ) : 어찌 (   )를 하지 않을 수 있으리요.
3. 父母呼之(   ) : (   )님께서 이를(나를) 부르시거든
4. 唯而必趨(   ) : 대답하고 (   ) 달려가야 한다.

02 다음 보기 에 있는 한자를 찾아 (   ) 안에 써 보세요.

> 보기 ① 曷不爲孝   ② 唯而必趨   ③ 爲人子者   ④ 父母呼之

1. 부모호지(   )   2. 갈불위효(   )
3. 위인자자(   )   4. 유이필추(   )

03 다음 한자의 훈(뜻)과 음(소리)을 (   ) 안에 써 보세요.

> 예 水 ➡ (물 수)

1. 爲(   )   2. 父(   )   3. 曷(   )   4. 母(   )
5. 人(   )   6. 不(   )   7. 唯(   )   8. 者(   )
9. 呼(   ) 10. 子(   ) 11. 之(   ) 12. 孝(   )
13. 趨(   ) 14. 而(   ) 15. 必(   )

7회

父母責之 : 부모책지
① ② ④ ③   부모님께서 이를 꾸짖으시더라도

勿怒勿答 : 물노물답
② ① ④ ③   성내지도 말고, 말대답(대꾸)을 하지도 말라.

아버지 부	어머니 모	꾸짖을 책	이(갈) 지
父	母	責	之

말 물	성낼 노	말 물	대답 답
勿	怒	勿	答

8회

侍坐父母 : 시좌부모
③ ④ ① ②   부모님을 모시고 앉아 있을 때에는

勿踞勿臥 : 물거물와
② ① ④ ③   걸터앉지도 말고 눕지도 말라.

모실 시	앉을 좌	아버지 부	어머니 모
侍	坐	父	母

말 물	걸터앉을 거	말 물	누울 와
勿	踞	勿	臥

제1편 부모님의 은혜

확인문제 7-8회 부모님의 은혜

[정답 135페이지]

01 다음 ( ) 안에 알맞은 음(소리)을 보기에서 찾아 써 보세요.

> 보기 ① 물노물답   ② 성내지   ③ 물거물와   ④ 눕지도
>   ⑤ 부모책지   ⑥ 부모   ⑦ 앉아   ⑧ 시좌부모

1. 父母責之 (   ) : (   )님께서 이를 꾸짖으시더라도
2. 勿怒勿答 (   ) : (   )도 말고, 말대답(대꾸)을 하지도 말라.
3. 侍坐父母 (   ) : 부모님을 모시고 (   ) 있을 때에는
4. 勿踞勿臥 (   ) : 걸터앉지도 말고 (   ) 말라.

02 다음 보기에 있는 한자를 찾아 ( ) 안에 써 보세요.

> 보기 ① 勿踞勿臥   ② 勿怒勿答   ③ 父母責之   ④ 侍坐父母

1. 시좌부모 (   )   2. 부모책지 (   )
3. 물노물답 (   )   4. 물거물와 (   )

03 다음 한자의 훈(뜻)과 음(소리)을 ( ) 안에 써 보세요.

> 예 水 ➡ (물 수)

1. 勿 (   )   2. 父 (   )   3. 答 (   )   4. 侍 (   )
5. 責 (   )   6. 坐 (   )   7. 踞 (   )   8. 之 (   )
9. 臥 (   )   10. 母 (   ) 11. 怒 (   )

9회

父母出入 : **부모출입**
① ② ③ ④ 부모님께서 나가시거나 들어오실 때에는

每必起立 : **매필기립**
① ② ③ ④ 그때마다 반드시 일어서서 인사를 해야 한다.

父	母	出	入
아버지 부	어머니 모	나갈 출	들 입
父	母	出	入

每	必	起	立
매양 매	반드시 필	일어날 기	설 립
每	必	起	立

10회

勿立門中 : **물립문중**
④ ③ ① ② 방문 가운데 서 있지도 말고

勿坐房中 : **물좌방중**
④ ③ ① ② 방 한가운데 앉아 있지도 말라.

勿	立	門	中
말 물	설 립	문 문	가운데 중
勿	立	門	中

勿	坐	房	中
말 물	앉을 좌	방 방	가운데 중
勿	坐	房	中

四字小學 확인문제 9-10회   부모님의 은혜   [정답 135페이지]

01 다음 (   ) 안에 알맞은 음(소리)을 보기 에서 찾아 써 보세요.

> 보기   ① 매필기립   ② 앉아   ③ 부모출입   ④ 물좌방중
>   ⑤ 물립문중   ⑥ 가운데   ⑦ 들어오실   ⑧ 일어서서

1. 父母出入(   ) : 부모님께서 나가시거나 (   ) 때에는
2. 每必起立(   ) : 그때마다 반드시 (   ) 인사를 해야 한다.
3. 勿立門中(   ) : 방문 (   ) 서 있지도 말고
4. 勿坐房中(   ) : 방 한가운데 (   ) 있지도 말라.

02 다음 보기 에 있는 한자를 찾아 (   ) 안에 써 보세요.

> 보기   ① 父母出入   ② 勿立門中   ③ 每必起立   ④ 勿坐房中

1. 매필기립(   )   2. 물좌방중(   )
3. 물립문중(   )   4. 부모출입(   )

03 다음 한자의 훈(뜻)과 음(소리)을 (   ) 안에 써 보세요.

> 예   水 ➡ (물 수)

1. 入(   )   2. 起(   )   3. 每(   )   4. 母(   )
5. 勿(   )   6. 父(   )   7. 必(   )   8. 中(   )
9. 出(   )   10. 立(   ) 11. 坐(   ) 12. 門(   )
13. 房(   )

11회

須勿大唾 : **수물대타**
❶ ❹ ❷ ❸   모름지기 큰소리를 내어 침을 뱉지 말며

亦勿大言 : **역물대언**
❶ ❹ ❷ ❸   또한 큰소리로 말하지 말라.

모름지기 수	말 물	큰 대	침뱉을 타
須	勿	大	唾

또 역	말 물	큰 대	말씀 언
亦	勿	大	言

12회

手勿雜戲 : **수물잡희**
❶ ❹ ❸ ❷   손으로 손장난을 하지 말며

口勿雜談 : **구물잡담**
❶ ❹ ❷ ❸   입으로 잡담을 늘어 놓지 말라.

손 수	말 물	섞일 잡	희롱할 희
手	勿	雜	戲

입 구	말 물	섞일 잡	말씀 담
口	勿	雜	談

四字小學 확인문제 11-12회 부모님의 은혜

[정답 135페이지]

01 다음 (   ) 안에 알맞은 음(소리)을 보기 에서 찾아 써 보세요.

> 보기 ① 역물대언   ② 잡담   ③ 침   ④ 수물잡희
>   ⑤ 수물대타   ⑥ 손   ⑦ 말   ⑧ 구물잡담

1. 須勿大唾(   ) : 모름지기 큰소리를 내어 (   )을 뱉지 말며
2. 亦勿大言(   ) : 또한 큰소리로 (   )하지 말라.
3. 手勿雜戱(   ) : (   )으로 손장난을 하지 말며
4. 口勿雜談(   ) : 입으로 (   )을 늘어 놓지 말라.

02 다음 보기 에 있는 한자를 찾아 (   ) 안에 써 보세요.

> 보기 ① 手勿雜戱   ② 口勿雜談   ③ 亦勿大言   ④ 須勿大唾

1. 구물잡담(   )   2. 수물대타(   )
3. 수물잡희(   )   4. 역물대언(   )

03 다음 한자의 훈(뜻)과 음(소리)을 (   ) 안에 써 보세요.

> 예 父 ➡ (아버지 부)

1. 須(   )   2. 言(   )   3. 亦(   )   4. 勿(   )
5. 手(   )   6. 戱(   )   7. 大(   )   8. 口(   )
9. 唾(   )   10. 談(   ) 11. 雜(   )

13회

獻物父母 : **헌물부모**
❹ ❸ ❷ ❶   부모님께 물건을 드릴 때에는

跪而進之 : **궤이진지**
❶ ❷ ❸ ❹   꿇어앉아(그리하여) 이를 올려야 한다.

獻	物	父	母
드릴 헌	물건 물	아버지 부	어머니 모
獻	物	父	母

跪	而	進	之
꿇어앉을 궤	말 이을 이	올릴 진	이(갈) 지
跪	而	進	之

14회

與我飲食 : **여아음식**
❹ ❶ ❷ ❸   나에게 음식을 주시거든

端坐受之 : **단좌수지**
❶ ❷ ❹ ❸   바르게 앉아 이를 받아야 한다.

與	我	飲	食
줄 여	나 아	마실 음	먹을(밥) 식
與	我	飲	食

端	坐	受	之
바를 단	앉을 좌	받을 수	이(갈) 지
端	坐	受	之

四字小學 확인문제 13-14회 부모님의 은혜

[정답 135페이지]

01 다음 (   ) 안에 알맞은 음(소리)을 보기 에서 찾아 써 보세요.

> 보기 ① 물건   ② 여아음식   ③ 궤이진지   ④ 앉아
> ⑤ 음식   ⑥ 헌물부모   ⑦ 단좌수지   ⑧ 올려야

1. 獻物父母(   ) : 부모님께 (   )을 드릴 때에는
2. 跪而進之(   ) : 꿇어앉아(그리하여) 이를 (   ) 한다.
3. 與我飮食(   ) : 나에게 (   )을 주시거든
4. 端坐受之(   ) : 바르게 (   ) 이를 받아야 한다.

02 다음 보기 에 있는 한자를 찾아 (   ) 안에 써 보세요.

> 보기 ① 跪而進之   ② 與我飮食   ③ 端坐受之   ④ 獻物父母

1. 헌물부모(   )   2. 단좌수지(   )
3. 여아음식(   )   4. 궤이진지(   )

03 다음 한자의 훈(뜻)과 음(소리)을 (   ) 안에 써 보세요.

> 예 水 ➡ (물 수)

1. 獻(   )   2. 而(   )   3. 父(   )   4. 與(   )
5. 跪(   )   6. 食(   )   7. 物(   )   8. 進(   )
9. 母(   )   10. 我(   )   11. 之(   )   12. 端(   )
13. 受(   )   14. 飮(   )   15. 坐(   )

15회

器有飲食 : **기유음식**
① ④ ② ③
그릇에 음식이 있다 하더라도

不與勿食 : **불여물식**
② ① ④ ③
주지 않거든 먹지 말라(허락을 받고서 먹어야 한다).

器	有	飮	食
그릇 기	있을 유	마실 음	먹을(밥) 식
器	有	飮	食

不	與	勿	食
아닐 불(부)	줄 여	말 물	먹을 식
不	與	勿	食

16회

居則致敬 : **거즉치경**
① ② ④ ③
부모님과 함께 집에 있을 때는 공경하는 그 마음을 다하고

有命必從 : **유명필종**
② ① ③ ④
명령이 있으시거든 반드시 따라야 한다.

居	則	致	敬
있을(살) 거	곧 즉, 법 칙	이룰 치	공경할 경
居	則	致	敬

有	命	必	從
있을 유	명령 명	반드시 필	좇을 종
有	命	必	從

확인문제 15-16회 — 부모님의 은혜

01 다음 ( ) 안에 알맞은 음(소리)을 보기에서 찾아 써 보세요.

> 보기 ① 그릇 ② 거즉치경 ③ 기유음식 ④ 공경
>   ⑤ 유명필종 ⑥ 불여물식 ⑦ 명령 ⑧ 주지

1. 器有飮食( ) : ( )에 음식이 있다 하더라도
2. 不與勿食( ) : ( ) 않거든 먹지 말라(허락을 받고서 먹어야 한다).
3. 居則致敬( ) : 부모님과 함께 집에 있을 때는 ( )하는 그 마음을 다하고
4. 有命必從( ) : ( )이 있으시거든 반드시 따라야 한다.

02 다음 보기에 있는 한자를 찾아 ( ) 안에 써 보세요.

> 보기 ① 不與勿食 ② 有命必從 ③ 器有飮食 ④ 居則致敬

1. 기유음식( )
2. 거즉치경( )
3. 유명필종( )
4. 불여물식( )

03 다음 한자의 훈(뜻)과 음(소리)을 ( ) 안에 써 보세요.

> 예 父 ➡ (아버지 부)

1. 與( ) 2. 器( ) 3. 居( ) 4. 不( )
5. 則( ) 6. 有( ) 7. 敬( ) 8. 飮( )
9. 命( ) 10. 食( ) 11. 必( ) 12. 勿( )
13. 致( ) 14. 從( )

제2편 부모님 섬기기 ①

四字小學

학습 계획

1회	子登高樹 자등고수	父母憂之 부모우지
2회	父母有病 부모유병	憂而謀療 우이모료
3회	髮膚爪骨 발부조골	不敢毀傷 불감훼상
4회	衣服帶鞋 의복대혜	不失不裂 부실불열
5회	衣服雖惡 의복수악	與之必着 여지필착
6회	母與人鬪 무여인투	父母憂之 부모우지

7회	父母臥命 부모와명	俯而聽之 부이청지
8회	坐命端聽 좌명단청	立命立聽 입명입청
9회	平生一欺 평생일기	其罪如山 기죄여산
10회	若告西遊 약고서유	不復東往 불부동왕
11회	我身能惡 아신능악	辱及父母 욕급부모
12회	我身能善 아신능선	譽及父母 예급부모
13회	父母無衣 부모무의	母思我衣 무사아의

1회

子登高樹 : **자등고수**
자식이 높은 나무에 오르면

父母憂之 : **부모우지**
부모님께서는 이를 근심하시니라.

자식 자	오를 등	높을 고	나무 수
子	登	高	樹

아버지 부	어머니 모	근심 우	이(갈) 지
父	母	憂	之

2회

父母有病 : **부모유병**
부모님이 병환(病患) 중에 있으시면

憂而謀療 : **우이모료**
근심하여 병환이 빨리 나을 수 있도록 꾀하여야 한다.

아버지 부	어머니 모	있을 유	병들 병
父	母	有	病

근심 우	말이을 이	꾀 모	병고칠 료
憂	而	謀	療

四字小學 확인문제 1-2회   부모님 섬기기 ①   [정답 136페이지]

01 다음 ( ) 안에 알맞은 음(소리)을 보기 에서 찾아 써 보세요.

> 보기 ① 근심   ② 자등고수   ③ 병환   ④ 부모유병
>   ⑤ 꾀   ⑥ 우이모료   ⑦ 나무   ⑧ 부모우지

1. 子登高樹( ) : 자식이 높은 ( )에 오르면
2. 父母憂之( ) : 부모님께서는 이를 ( )하시나라.
3. 父母有病( ) : 부모님이 ( )(病患) 중에 있으시면
4. 憂而謀療( ) : 근심하여 병환이 빨리 나을 수 있도록 ( )하여야 한다.

02 다음 보기 에 있는 한자를 찾아 ( ) 안에 써 보세요.

> 보기 ① 父母憂之   ② 父母有病   ③ 憂而謀療   ④ 子登高樹

1. 자등고수( )   2. 우이모료( )
3. 부모유병( )   4. 부모우지( )

03 다음 訓(훈)과 音(음)을 가진 漢字를 ( ) 안에 써 보세요.

> 예 물 수 ➡ (水)

1. 자식 자( )   2. 근심 우( )   3. 아버지 부( )   4. 오를 등( )
5. 어머니 모( )   6. 있을 유( )   7. 높을 고( )   8. 말 이을 이( )
9. 꾀 모( )   10. 나무 수( )   11. 병 고칠 료( )   12. 이/갈 지( )
13. 병들 병( )

3회

髮膚爪骨 : **발부조골**
머리털과 피부와 손톱과 뼈를(부모님으로부터 받은 것이므로)

不敢毁傷 : **불감훼상**
감히 헐거나 상하게 해서는 안 된다.

髮	膚	爪	骨	不	敢	毁	傷
터럭 발	살 부	손톱 조	뼈 골	아닐 불(부)	감히 감	헐 훼	상할 상
髮	膚	爪	骨	不	敢	毁	傷

4회

衣服帶鞋 : **의복대혜**
의복과 허리띠와 신발은

不失不裂 : **부실불열**
잃어버리지도 말고 찢지도 말라.

衣	服	帶	鞋	不	失	不	裂
옷 의	옷 복	띠 대	신 혜	아닐 부(불)	잃을 실	아닐 불(부)	찢어질 렬
衣	服	帶	鞋	不	失	不	裂

四字小學 확인문제   3~4회   부모님 섬기기 ①   [정답 136페이지]

01 다음 (   ) 안에 알맞은 음(소리)을 보기 에서 찾아 써 보세요.

> 보기 ① 상하게   ② 부실불열   ③ 발부조골   ④ 허리띠
> ⑤ 손톱   ⑥ 의복대혜   ⑦ 잃어   ⑧ 불감훼상

① 髮膚爪骨(   ) : 머리털과 피부와 (   )과 뼈를
(부모님으로부터 받은 것이므로)

② 不敢毁傷(   ) : 감히 헐거나 (   ) 해서는 안 된다.

③ 衣服帶鞋(   ) : 의복과 (   )와 신발은

④ 不失不裂(   ) : (   )버리지도 말고 찢지도 말라.

02 다음 보기 에 있는 한자를 찾아 (   ) 안에 써 보세요.

> 보기 ① 衣服帶鞋   ② 不敢毁傷   ③ 不失不裂   ④ 髮膚爪骨

① 불감훼상(   )   ② 의복대혜(   )
③ 발부조골(   )   ④ 부실불열(   )

03 다음 訓(훈)과 音(음)을 가진 漢字를 (   ) 안에 써 보세요.

> 예 아버지 부 ➡ (父)

① 살 부(   )   ② 감히 감(   )   ③ 뼈 골(   )   ④ 터럭 발(   )
⑤ 상할 상(   )   ⑥ 옷 복(   )   ⑦ 손톱 조(   )   ⑧ 띠 대(   )
⑨ 아닐 불/부(   ) ⑩ 찢어질 렬(   ) ⑪ 헐 훼(   )   ⑫ 신 혜(   )
⑬ 옷 의(   )   ⑭ 잃을 실(   )

5회

衣服雖惡 : **의복수악**
① ② ③ ④   의복이 비록 나쁘다 할지라도

與之必着 : **여지필착**
② ① ③ ④   이는 부모님이 주신 것이므로 반드시 입어야 한다.

衣	服	雖	惡	與	之	必	着
옷 의	옷 복	비록 수	악할 악	줄 여	이(갈) 지	반드시 필	입을 착
衣	服	雖	惡	與	之	必	着

6회

母與人鬪 : **무여인투**
④ ② ① ③   사람들과 다투거나 싸우지 말라.

父母憂之 : **부모우지**
① ② ④ ③   부모님께서 이를 아시면 걱정을 하신다.

母	與	人	鬪	父	母	憂	之
말 무	함께(줄) 여	사람 인	싸울 투	아버지 부	어머니 모	근심 우	이(갈) 지
母	與	人	鬪	父	母	憂	之

확인문제 5-6회 부모님 섬기기 ①

[정답 136페이지]

01 다음 ( ) 안에 알맞은 음(소리)을 보기 에서 찾아 써 보세요.

> 보기 ① 여지필착 ② 싸우지 ③ 무여인투 ④ 나쁘다
> ⑤ 걱정 ⑥ 의복수악 ⑦ 입어야 ⑧ 부모우지

1) 衣服雖惡( ) : 의복이 비록 ( ) 할지라도
2) 與之必着( ) : 이는 부모님이 주신 것이므로 반드시 ( ) 한다.
3) 毋與人鬪( ) : 사람들과 다투거나 ( ) 말라.
4) 父母憂之( ) : 부모님께서 이를 아시면 ( )을 하신다.

02 다음 보기 에 있는 한자를 찾아 ( ) 안에 써 보세요.

> 보기 ① 毋與人鬪 ② 衣服雖惡 ③ 與之必着 ④ 父母憂之

1) 여지필착( ) 2) 부모우지( )
3) 무여인투( ) 4) 의복수악( )

03 다음 訓(훈)과 音(음)을 가진 漢字를 ( ) 안에 써 보세요.

> 예 물 수 ➡ (水)

1) 옷 의( ) 2) 반드시 필( ) 3) 비록 수( ) 4) 함께/줄 여( )
5) 어머니 모( ) 6) 옷 복( ) 7) 사람 인( ) 8) 악할 악( )
9) 이/갈 지( ) 10) 근심 우( ) 11) 입을 착( ) 12) 말 무( )
13) 싸울 투( ) 14) 아버지 부( )

7회

父母臥命 : **부모와명**
부모님께서 누운 채로 무엇을 시키더라도

俯而聽之 : **부이청지**
고개를 숙이고 그 시키는 일을 다소곳이 들어야 한다.

父	母	臥	命	俯	而	聽	之
아버지 부	어머니 모	누울 와	명령 명	구부릴 부	말이을 이	들을 청	이(갈) 지
父	母	臥	命	俯	而	聽	之

8회

坐命端聽 : **좌명단청**
부모님께서 앉아서 명령을 하시더라도 바르게 앉아서 듣고

立命立聽 : **입명입청**
서서 명령하시면 서서 들어야 한다.

坐	命	端	聽	立	命	立	聽
앉을 좌	명령 명	바를 단	들을 청	설 립	명령 명	설 립	들을 청
坐	命	端	聽	立	命	立	聽

확인문제 [7-8회] 부모님 섬기기 ①

[정답 136페이지]

01 다음 ( ) 안에 알맞은 음(소리)을 보기 에서 찾아 써 보세요.

> 보기 ① 들어야   ② 부모와명   ③ 바르게   ④ 누운
> ⑤ 좌명단청   ⑥ 명령   ⑦ 입명입청   ⑧ 부이청지

① 父母臥命( ) : 부모님께서 ( ) 채로 무엇을 시키더라도

② 俯而聽之( ) : 고개를 숙이고 그 시키는 일을 다소곳이 ( ) 한다.

③ 坐命端聽( ) : 부모님께서 앉아서 명령을 하시더라도 ( ) 앉아서 듣고

④ 立命立聽( ) : 서서 ( )하시면 서서 들어야 한다.

02 다음 보기 에 있는 한자를 찾아 ( ) 안에 써 보세요.

> 보기 ① 坐命端聽   ② 俯而聽之   ③ 父母臥命   ④ 立命立聽

① 부모와명( ) ② 좌명단청( )

③ 입명입청( ) ④ 부이청지( )

03 다음 訓(훈)과 音(음)을 가진 漢字를 ( ) 안에 써 보세요.

> 예 물 수 ➡ (水)

① 누울 와( ) ② 들을 청( ) ③ 아버지 부( ) ④ 구부릴 부( )

⑤ 앉을 좌( ) ⑥ 설 립( ) ⑦ 바를 단( ) ⑧ 명령 명( )

⑨ 말 이을 이( ) ⑩ 어머니 모( ) ⑪ 이/갈 지( )

9회

平生一欺 : 평생일기
한평생에 단 한 번 부모님을 속인다 하더라도

其罪如山 : 기죄여산
그 죄는 태산과 같이 크니라.

平	生	一	欺	其	罪	如	山
평생 평	날 생	한 일	속일 기	그 기	죄 죄	같을 여	메 산
平	生	一	欺	其	罪	如	山

10회

若告西遊 : 약고서유
만약 서쪽에서 논다고 부모님께 아뢰었으면

不復東往 : 불부동왕
다시 동쪽으로 가는 것과 같은 일은 하지 말라.

若	告	西	遊	不	復	東	往
만약 약	고할 고	서녘 서	놀 유	아닐 불(부)	다시 부	동녘 동	갈 왕
若	告	西	遊	不	復	東	往

四字小學 확인문제   9~10회   부모님 섬기기 ①   [정답 136페이지]

01 다음 (   ) 안에 알맞은 음(소리)을 보기 에서 찾아 써 보세요.

> 보기 ① 속인다   ② 기죄여산   ③ 불부동왕   ④ 죄
> ⑤ 약고서유   ⑥ 동쪽   ⑦ 평생일기   ⑧ 논다고

1 平生一欺(   ) : 한평생에 단 한 번 부모님을 (   ) 하더라도
2 其罪如山(   ) : 그 (   )는 태산과 같이 크니라.
3 若告西遊(   ) : 만약 서쪽에서 (   ) 부모님께 아뢰었으면
4 不復東往(   ) : 다시 (   )으로 가는 것과 같은 일은 하지 말라.

02 다음 보기 에 있는 한자를 찾아 (   ) 안에 써 보세요.

> 보기 ① 若告西遊   ② 平生一欺   ③ 不復東往   ④ 其罪如山

1 평생일기(   )   2 불부동왕(   )
3 기죄여산(   )   4 약고서유(   )

03 다음 訓(훈)과 音(음)을 가진 漢字를 (   ) 안에 써 보세요.

> 예 아버지 부 ➡ (父)

1 그 기(   )   2 한 일(   )   3 평생 평(   )   4 메 산(   )
5 죄 죄(   )   6 놀 유(   )   7 만약 약(   )   8 속일 기(   )
9 같을 여(   )   10 날 생(   )   11 다시 부(   )   12 고할 고(   )
13 동녘 동(   )   14 서녘 서(   )   15 아닐 불/부(   )   16 갈 왕(   )

11회

我身能惡 : **아신능악**
① ② ③ ④　　내 자신이 능히 나쁜 일을 하게 되면

辱及父母 : **욕급부모**
① ④ ② ③　　그 욕됨이 부모님에게까지 미치게 된다.

我	身	能	惡
나 아	몸 신	능할 능	악할 악
我	身	能	惡

辱	及	父	母
욕될 욕	미칠 급	아버지 부	어머니 모
辱	及	父	母

12회

我身能善 : **아신능선**
① ② ③ ④　　내 자신이 능히 착한 일을 하게 되면

譽及父母 : **예급부모**
① ④ ② ③　　그 명예(名譽)가 부모님에게까지 미치게 된다.

我	身	能	善
나 아	몸 신	능할 능	착할 선
我	身	能	善

譽	及	父	母
명예 예	미칠 급	아버지 부	어머니 모
譽	及	父	母

13회

父母無衣 : 부모무의
① ② ④ ③
부모님에게 옷이 없으면

母思我衣 : 무사아의
④ ③ ① ②
(하물며) 내가 입을 옷을 생각하지도 말라.

父	母	無	衣	母	思	我	衣
아버지 **부**	어머니 **모**	없을 **무**	옷 **의**	말 **무**	생각 **사**	나 **아**	옷 **의**
父	母	無	衣	母	思	我	衣

四字小學 확인문제 11~13회 부모님 섬기기 ①

[정답 136페이지]

01 다음 ( ) 안에 알맞은 음(소리)을 보기 에서 찾아 써 보세요.

보기	① 욕급부모	② 부모무의	③ 아신능악	④ 착한
	⑤ 명예	⑥ 욕됨	⑦ 무사아의	⑧ 예급부모
	⑨ 자신	⑩ 아신능선	⑪ 생각	⑫ 없으면

❶ 我身能惡( ) : 내 ( )이 능히 나쁜 일을 하게 되면

❷ 辱及父母( ) : 그 ( )이 부모님에게까지 미치게 된다.

❸ 我身能善(　　　) : 내 자신이 능히 (　　　　) 일을 하게 되면

❹ 譽及父母(　　　) : 그 (　　　　)(名譽)가 부모님에게까지 미치게 된다.

❺ 父母無衣(　　　) : 부모님에게 옷이 (　　　　)

❻ 毋思我衣(　　　) : (하물며) 내가 입을 옷을 (　　　　)하지도 말라.

02 다음 보기 에 있는 한자를 찾아 (　) 안에 써 보세요.

> 보기 ① 我身能善　② 我身能惡　③ 父母無衣
> 　　　④ 辱及父母　⑤ 毋思我衣　⑥ 譽及父母

❶ 욕급부모(　　　　)　　❷ 무사아의(　　　　)

❸ 예급부모(　　　　)　　❹ 아신능악(　　　　)

❺ 아신능선(　　　　)　　❻ 부모무의(　　　　)

03 다음 訓(훈)과 音(음)을 가진 漢字를 (　) 안에 써 보세요.

> 예 물 수 ➡ (水)

❶ 악할 악(　) ❷ 명예 예(　) ❸ 나 아(　) ❹ 어머니 모(　)

❺ 말 무(　) ❻ 미칠 급(　) ❼ 없을 무(　) ❽ 능할 능(　)

❾ 몸 신(　) ❿ 생각 사(　) ⓫ 욕될 욕(　) ⓬ 착할 선(　)

⓭ 아버지 부(　) ⓮ 옷 의(　)

제3편 부모님 섬기기 ②

四字小學

학습 계획

1회	父母無食 부모무식	母思我食 모사아식
2회	親影勿履 친영물리	養致其樂 양치기락
3회	若得美果 약득미과	歸獻父母 귀헌부모
4회	室堂有塵 실당유진	常以帚掃 상이추소
5회	暑勿褰衣 서물건의	亦勿揮扇 역물휘선
6회	親履勿履 친리물리	親席勿坐 친석물좌

7회	須勿放笑 수물방소	亦勿翔行 역물상행
8회	出入門户 출입문호	開閉必恭 개폐필공
9회	飮食親前 음식친전	勿出器聲 물출기성
10회	稞糧以送 과량이송	勿懶讀書 물라독서
11회	事親如此 사친여차	可謂人子 가위인자
12회	不能如此 불능여차	禽獸無異 금수무이

고사성어 ②

21. 不要不急(불요불급) 필요하지도 않고 급하지도 않음
22. 氷山一角(빙산일각) 빙산의 뿔이라는 뜻으로, 대부분이 숨겨져 있고 외부로 나타나 있는 것은 극히 일부분에 지나지 아니함을 비유적으로 이르는 말
23. 士農工商(사농공상) 예전에 백성의 네 가지 계급(선비, 농부, 공장(工匠), 상인)
24. 山戰水戰(산전수전) 산에서도 싸우고 물에서도 싸웠다는 뜻으로, 세상의 온갖 고생과 어려움을 다 겪었음을 이르는 말
25. 三位一體(삼위일체) 세 가지의 것이 하나의 목적을 위하여 통합되는 일
26. 生老病死(생로병사) 사람이 나고 늙고 병들고 죽는 네 가지 고통
27. 生死苦樂(생사고락) 삶과 죽음, 괴로움과 즐거움을 통틀어 이르는 말
28. 速戰速決(속전속결) 싸움을 오래 끌지 아니하고 빨리 몰아쳐 이기고 짐을 결정함
29. 十年知己(십년지기) 오래전부터 친히 사귀어 잘 아는 사람
30. 安分知足(안분지족) 편안한 마음으로 제 분수를 지키며 만족할 줄을 앎
31. 良藥苦口(양약고구) 좋은 약은 입에 쓰다는 뜻으로, 충언(忠言)은 귀에 거슬리나 자신에게 이로움을 이르는 말
32. 語不成說(어불성설) 말이 조금도 사리에 맞지 아니함
33. 言行一致(언행일치) 말과 행동이 하나로 들어맞음
34. 溫故知新(온고지신) 옛것을 익히고 그것을 미루어서 새것을 앎
35. 樂山樂水(요산요수) 산과 물을 좋아한다는 뜻으로, 자연을 좋아함을 말함
36. 有口無言(유구무언) 입은 있어도 말은 없다는 뜻으로, 변명할 말이 없거나 변명을 못함을 이르는 말
37. 有名無實(유명무실) 이름만 그럴듯하고 실속은 없음
38. 耳目口鼻(이목구비) 귀·눈·입·코를 아울러 이르는 말. 얼굴의 생김새
39. 以心傳心(이심전심) 마음과 마음으로 서로 뜻이 통함
40. 人命在天(인명재천) 사람의 목숨은 하늘에 달려 있다는 뜻으로, 목숨의 길고 짧음은 사람의 힘으로 어쩔 수 없음을 이르는 말

1회

父母無食 : **부모무식**
부모님께서 드실 음식이 없으면

母思我食 : **무사아식**
(하물며) 내가 먹을 것을 생각하지도 말라.

父	母	無	食	母	思	我	食
아버지 부	어머니 모	없을 무	먹을(밥) 식	말 무	생각 사	나 아	먹을(밥) 식
父	母	無	食	母	思	我	食

2회

親影勿履 : **친영물리**
부모님의 그림자는 밟지도 말고

養致其樂 : **양치기락**
봉양할 때에는 그 즐거움이 다하실 수 있도록 한다.

親	影	勿	履	養	致	其	樂
어버이 친	그림자 영	말 물	밟을 리	봉양할(기를) 양	이룰 치	그 기	즐거울 락(요)
親	影	勿	履	養	致	其	樂

확인문제 1-2회 부모님 섬기기 ②

[정답] 137페이지

01 다음 ( ) 안에 알맞은 음(소리)을 보기 에서 찾아 써 보세요.

> 보기 ① 친영물리   ② 봉양   ③ 부모무식   ④ 그림자
> ⑤ 음식   ⑥ 무사아식   ⑦ 양치기락   ⑧ 생각

① 父母無食(　　　) : 부모님께서 드실 (　　　)이 없으면

② 母思我食(　　　) : (하물며) 내가 먹을 것을 (　　　)하지도 말라.

③ 親影勿履(　　　) : 부모님의 (　　　)는 밟지도 말고

④ 養致其樂(　　　) : (　　　)할 때에는 그 즐거움이 다하실 수 있도록 한다.

02 다음 보기 에 있는 한자를 찾아 ( ) 안에 써 보세요.

> 보기 ① 父母無食   ② 親影勿履   ③ 養致其樂   ④ 母思我食

① 무사아식(　　　)　　② 부모무식(　　　)
③ 양치기락(　　　)　　④ 친영물리(　　　)

03 다음 한자의 훈(뜻)과 음(소리)을 ( ) 안에 써 보세요.

> 예 水 ➡ (물 수)

① 食(　　) ② 親(　　) ③ 父(　　) ④ 我(　　)
⑤ 其(　　) ⑥ 無(　　) ⑦ 養(　　) ⑧ 母(　　)
⑨ 母(　　) ⑩ 履(　　) ⑪ 思(　　) ⑫ 勿(　　)
⑬ 樂(　　) ⑭ 影(　　) ⑮ 致(　　)

3회

若得美果 : **약득미과**
① ④ ② ③   만약 맛있는 과일을 얻게 되거든 네가 먼저 먹지 말고

歸獻父母 : **귀헌부모**
① ④ ② ③   집으로 돌아와 그 과일을 부모님께 드리도록 하여라.

若	得	美	果
만일 약	얻을 득	아름다울 미	과실 과
若	得	美	果

歸	獻	父	母
돌아올 귀	드릴 헌	아버지 부	어머니 모
歸	獻	父	母

4회

室堂有塵 : **실당유진**
① ② ④ ③   집 안에 티끌이 있으면

常以帚掃 : **상이추소**
① ③ ② ④   항상(늘) 비로 쓸어서 깨끗이 하여야 한다.

室	堂	有	塵
집 실	집 당	있을 유	티끌 진
室	堂	有	塵

常	以	帚	掃
항상 상	써 이	비 추	쓸 소
常	以	帚	掃

四字小學 확인문제

3-4회 　 부모님 섬기기 ②　　　　　[정답 137페이지]

01 다음 ( ) 안에 알맞은 음(소리)을 보기 에서 찾아 써 보세요.

> 보기　① 귀헌부모　② 쓸어서　③ 약득미과　④ 티끌
> 　　　⑤ 실당유진　⑥ 드리도록　⑦ 상이추소　⑧ 얻게

1. 若得美果(　) : 만약 맛있는 과일을 (　) 되거든 네가 먼저 먹지 말고
2. 歸獻父母(　) : 집으로 돌아와 그 과일을 부모님께 (　) 하여라.
3. 室堂有塵(　) : 집 안에 (　)이 있으면
4. 常以帚掃(　) : 항상(늘) 비로 (　) 깨끗이 하여야 한다.

02 다음 보기 에 있는 한자를 찾아 ( ) 안에 써 보세요.

> 보기　① 若得美果　② 室堂有塵　③ 常以帚掃　④ 歸獻父母

1. 상이추소(　)　　2. 약득미과(　)
3. 귀헌부모(　)　　4. 실당유진(　)

03 다음 한자의 훈(뜻)과 음(소리)을 ( ) 안에 써 보세요.

> 예　水 ➡ (물 수)

1. 美(　)　2. 室(　)　3. 若(　)　4. 歸(　)
5. 堂(　)　6. 獻(　)　7. 常(　)　8. 果(　)
9. 以(　)　10. 得(　)　11. 父(　)　12. 有(　)
13. 母(　)　14. 塵(　)　15. 帚(　)　16. 掃(　)

5회

暑勿褰衣 : **서물건의**
① ④ ③ ②
아무리 덥더라도 부모님 앞에서는 옷을 걷어 올리지 말고

亦勿揮扇 : **역물휘선**
① ④ ③ ②
또한 함부로 부채질도 하지 말라.

暑	勿	褰	衣
더울 서	말 물	옷 걷을 건	옷 의
暑	勿	褰	衣

亦	勿	揮	扇
또 역	말 물	휘두를 휘	부채 선
亦	勿	揮	扇

6회

親履勿履 : **친리물리**
① ② ④ ③
부모님의 신을 밟지도 말고

親席勿坐 : **친석물좌**
① ② ④ ③
부모님의 자리에는 함부로 앉지도 말라.

親	履	勿	履
어버이 친	신 리	말 물	밟을 리
親	履	勿	履

親	席	勿	坐
어버이 친	자리 석	말 물	앉을 좌
親	席	勿	坐

四字小學 확인문제 5-6회 부모님 섬기기 ②   [정답 137페이지]

01 다음 (   ) 안에 알맞은 음(소리)을 보기 에서 찾아 써 보세요.

> 보기 ① 부채   ② 서물건의   ③ 자리   ④ 친리물리
> ⑤ 친석물좌   ⑥ 신   ⑦ 덥더라도   ⑧ 역물휘선

1 暑勿褰衣(   ) : 아무리 (   ) 부모님 앞에서는 옷을 걷어 올리지 말고

2 亦勿揮扇(   ) : 또한 함부로 (   )질도 하지 말라.

3 親履勿履(   ) : 부모님의 (   )을 밟지도 말고

4 親席勿坐(   ) : 부모님의 (   )에는 함부로 앉지도 말라.

02 다음 보기 에 있는 한자를 찾아 (   ) 안에 써 보세요.

> 보기 ① 暑勿褰衣   ② 親席勿坐   ③ 親履勿履   ④ 亦勿揮扇

1 서물건의(   )   2 역물휘선(   )

3 친석물좌(   )   4 친리물리(   )

03 다음 한자의 훈(뜻)과 음(소리)을 (   ) 안에 써 보세요.

> 예 父 ➡ (아버지 부)

1 衣(   )   2 揮(   )   3 勿(   )   4 履(   )

5 暑(   )   6 席(   )   7 扇(   )   8 褰(   )

9 坐(   )   10 親(   )   11 亦(   )

7회

須勿放笑 : **수물방소**
모름지기 함부로 크게 웃지도 말고

亦勿翔行 : **역물상행**
또한 날듯이 다니지도 말라.

모름지기 수	말 물	클 방	웃음 소
須	勿	放	笑

또 역	말 물	날 상	다닐 행
亦	勿	翔	行

8회

出入門戶 : **출입문호**
집 안의 출입구(出入口)를 드나들 때에는

開閉必恭 : **개폐필공**
문을 열거나 닫을 때 반드시 공손히 하라.

날 출	들 입	문 문	집(지게) 호
出	入	門	戶

열 개	닫을 폐	반드시 필	공손할 공
開	閉	必	恭

7-8회 부모님 섬기기 ②

01 다음 (   ) 안에 알맞은 음(소리)을 보기 에서 찾아 써 보세요.

> 보기 ① 드나들   ② 수물방소   ③ 개폐필공   ④ 역물상행
>   ⑤ 또   ⑥ 출입문호   ⑦ 웃지도   ⑧ 공손히

1. 須勿放笑(   ) : 모름지기 함부로 크게 (   ) 말고
2. 亦勿翔行(   ) : (   )한 날듯이 다니지도 말라.
3. 出入門戶(   ) : 집 안의 출입구(出入口)를 (   ) 때에는
4. 開閉必恭(   ) : 문을 열거나 닫을 때 반드시 (   ) 하라.

02 다음 보기 에 있는 한자를 찾아 (   ) 안에 써 보세요.

> 보기 ① 出入門戶   ② 須勿放笑   ③ 亦勿翔行   ④ 開閉必恭

1. 수물방소(   )
2. 출입문호(   )
3. 개폐필공(   )
4. 역물상행(   )

03 다음 한자의 훈(뜻)과 음(소리)을 (   ) 안에 써 보세요.

> 예 父 ➡ (아버지 부)

1. 亦(   )
2. 出(   )
3. 須(   )
4. 翔(   )
5. 開(   )
6. 入(   )
7. 勿(   )
8. 行(   )
9. 放(   )
10. 閉(   )
11. 笑(   )
12. 門(   )
13. 恭(   )
14. 戶(   )
15. 必(   )

9회

飲食親前 : **음식친전**
③ ④ ① ②   부모님 앞에서 음식을 먹을 때에는

勿出器聲 : **물출기성**
④ ③ ① ②   그릇 소리를 함부로 내지 말라.

마실 음	먹을(밥) 식	어버이 친	앞 전
飲	食	親	前

말 물	날 출	그릇 기	소리 성
勿	出	器	聲

10회

稞糧以送 : **과량이송**
① ② ③ ④   식량을 싸서 보내 주시거든

勿懶讀書 : **물라독서**
④ ③ ① ②   공부하기를 게을리하지 말라.

보리 과	양식 량	써 이	보낼 송
稞	糧	以	送

말 물	게으를 라	읽을 독	글 서
勿	懶	讀	書

四字小學 확인문제 9-10회 부모님 섬기기 ②

[정답 137페이지]

01 다음 ( ) 안에 알맞은 음(소리)을 보기 에서 찾아 써 보세요.

> 보기 ① 음식친전   ② 보내   ③ 물출기성   ④ 공부
>   ⑤ 그릇   ⑥ 물라독서 ⑦ 앞   ⑧ 과량이송

① 飮食親前( ) : 부모님 ( )에서 음식을 먹을 때에는

② 勿出器聲( ) : ( ) 소리를 함부로 내지 말라.

③ 稞糧以送( ) : 식량을 싸서 ( ) 주시거든

④ 勿懶讀書( ) : ( )하기를 게을리하지 말라.

02 다음 보기 에 있는 한자를 찾아 ( ) 안에 써 보세요.

> 보기 ① 勿出器聲   ② 勿懶讀書   ③ 稞糧以送   ④ 飮食親前

① 음식친전( )   ② 물라독서( )
③ 과량이송( )   ④ 물출기성( )

03 다음 한자의 훈(뜻)과 음(소리)을 ( ) 안에 써 보세요.

> 예 父 ➡ (아버지 부)

① 勿( )   ② 飮( )   ③ 稞( )   ④ 前( )
⑤ 器( )   ⑥ 送( )   ⑦ 食( )   ⑧ 糧( )
⑨ 親( )   ⑩ 聲( )   ⑪ 懶( )   ⑫ 出( )
⑬ 讀( )   ⑭ 以( )   ⑮ 書( )

11회

事親如如此 : **사친여차**
② ① ④ ③ 어버이 섬기기를 이와 같이 하면

可謂人子 : **가위인자**
① ④ ② ③ 가히 사람의 자식이라 말할 수 있다.

事	親	如	此
섬길 사	어버이 친	같을 여	이 차
事	親	如	此

可	謂	人	子
옳을 가	이를 위	사람 인	아들 자
可	謂	人	子

12회

不能如此 : **불능여차**
④ ① ③ ② 능히 이와 같이 않다면

禽獸無異 : **금수무이**
① ② ④ ③ 금수(짐승)와 다를 바 없느니라.

不	能	如	此
아닐 불(부)	능할 능	같을 여	이 차
不	能	如	此

禽	獸	無	異
새 금	짐승 수	없을 무	다를 이
禽	獸	無	異

四字小學 확인문제 11-12회 부모님 섬기기 ②

[정답 137페이지]

01 다음 (   ) 안에 알맞은 음(소리)을 보기 에서 찾아 써 보세요.

> 보기 ① 능히   ② 사친여차   ③ 금수   ④ 가위인자
>   ⑤ 자식   ⑥ 불능여차   ⑦ 어버이   ⑧ 금수무이

① 事親如此(   ) : (   ) 섬기기를 이와 같이 하면
② 可謂人子(   ) : 가히 사람의 (   )이라 말할 수 있다.
③ 不能如此(   ) : (   ) 이와 같이 않다면
④ 禽獸無異(   ) : (   )(짐승)와 다를 바 없느니라.

02 다음 보기 에 있는 한자를 찾아 (   ) 안에 써 보세요.

> 보기 ① 禽獸無異   ② 可謂人子   ③ 事親如此   ④ 不能如此

① 사친여차(   )   ② 불능여차(   )
③ 금수무이(   )   ④ 가위인자(   )

03 다음 한자의 훈(뜻)과 음(소리)을 (   ) 안에 써 보세요.

> 예 父 ➡ (아버지 부)

① 事(   )   ② 人(   )   ③ 可(   )   ④ 如(   )
⑤ 子(   )   ⑥ 不(   )   ⑦ 親(   )   ⑧ 禽(   )
⑨ 此(   )   ⑩ 無(   )   ⑪ 謂(   )   ⑫ 能(   )
⑬ 異(   )   ⑭ 獸(   )

제4편 형제의 우애 ①

四字小學

학습 계획

1회	兄生我前 형생아전	弟生我後 제생아후
2회	骨肉雖分 골육수분	本生一氣 본생일기
3회	形體雖各 형체수각	素受一血 소수일혈
4회	比之於木 비지어목	同根異枝 동근이지
5회	比之於水 비지어수	同源異流 동원이류
6회	爲兄爲弟 위형위제	何須不和 하수불화
7회	事兄必恭 사형필공	愛弟如友 애제여우
8회	兄雖責我 형수책아	不敢怒怨 불감노원

9회	一粒之食 일입지식	必分而食 필분이식
10회	一杯之水 일배지수	必分而飮 필분이음
11회	兄無衣服 형무의복	弟必獻之 제필헌지
12회	弟無衣服 제무의복	兄必與之 형필여지
13회	私其飮食 사기음식	禽獸之類 금수지류
14회	私其衣服 사기의복	夷胡之徒 이호지도
15회	我打我弟 아타아제	猶打父母 유타부모
16회	我欺兄弟 아기형제	如欺父母 여기부모

1회

兄生我前 : **형생아전**
형님은 나보다 먼저 태어났고

弟生我後 : **제생아후**
동생은 나보다 뒤에 태어났다.

兄	生	我	前
맏(형) 형	날 생	나 아	앞 전
兄	生	我	前

弟	生	我	後
아우 제	날 생	나 아	뒤 후
弟	生	我	後

2회

骨肉雖分 : **골육수분**
뼈와 살(육체)은 비록 나눠져 있지만(다르지만)

本生一氣 : **본생일기**
본래는 하나의 같은 근원(根源)에서 태어난 것이다.

骨	肉	雖	分
뼈 골	살 육	비록 수	나눌 분
骨	肉	雖	分

本	生	一	氣
근본 본	날 생	한 일	기운 기
本	生	一	氣

四字小學 확인문제

1-2회   형제의 우애 ①   [정답 138페이지]

01 다음 (   ) 안에 알맞은 음(소리)을 보기 에서 찾아 써 보세요.

> 보기 ① 동생   ② 골육수분   ③ 본생일기   ④ 형님
>   ⑤ 본래   ⑥ 형생아전   ⑦ 비록   ⑧ 제생아후

1. 兄生我前(   ) : (   )은 나보다 먼저 태어났고
2. 弟生我後(   ) : (   )은 나보다 뒤에 태어났다.
3. 骨肉雖分(   ) : 뼈와 살(육체)은 (   ) 나눠져 있지만(다르지만)
4. 本生一氣(   ) : (   )는 하나의 같은 근원(根源)에서 태어난 것이다.

02 다음 보기 에 있는 한자를 찾아 (   ) 안에 써 보세요.

> 보기 ①骨肉雖分   ②兄生我前   ③本生一氣   ④弟生我後

1. 골육수분(   )   2. 제생아후(   )
3. 형생아전(   )   4. 본생일기(   )

03 다음 訓(훈)과 音(음)을 가진 漢字를 (   ) 안에 써 보세요.

> 예 아버지 부 ➡ (父)

1. 뼈 골(   )   2. 맏/형 형(   )   3. 비록 수(   )   4. 앞 전(   )
5. 뒤 후(   )   6. 근본 본(   )   7. 날 생(   )   8. 살 육(   )
9. 나 아(   )   10. 기운 기(   )   11. 아우 제(   )   12. 나눌 분(   )
13. 한 일(   )

3회

形體雖各 : 형체수각
① ② ③ ④ 　 형태나 몸체는 비록 각각 다르나

素受一血 : 소수일혈
① ④ ② ③ 　 본래는 부모님의 한 핏줄기를 받은 것이다.

形	體	雖	各
형체 형	몸 체	비록 수	각각 각
形	體	雖	各

素	受	一	血
본디 소	받을 수	한 일	피 혈
素	受	一	血

4회

比之於木 : 비지어목
④ ① ③ ② 　 이를 나무에 비하면

同根異枝 : 동근이지
② ① ④ ③ 　 뿌리는 같으나 가지가 다른 것과 같은 것이다.

比	之	於	木
비할 비	이(갈) 지	어조사 어	나무 목
比	之	於	木

同	根	異	枝
같을 동	뿌리 근	다를 이	가지 지
同	根	異	枝

제4편 형제의 우애 ①

四字小學 확인문제 3-4회   형제의 우애 ①

정답 138페이지

01 다음 (   ) 안에 알맞은 음(소리)을 보기 에서 찾아 써 보세요.

> 보기 ① 받은   ② 비지어목   ③ 몸체   ④ 소수일혈
>   ⑤ 동근이지 ⑥ 형체수각   ⑦ 나무   ⑧ 가지

1. 形體雖各(   ) : 형태나 (   )는 비록 각각 다르나
2. 素受一血(   ) : 본래는 부모님의 한 핏줄기를 (   ) 것이다.
3. 比之於木(   ) : 이를 (   )에 비하면
4. 同根異枝(   ) : 뿌리는 같으나 (   )가 다른 것과 같은 것이다.

02 다음 보기 에 있는 한자를 찾아 (   ) 안에 써 보세요.

> 보기 ① 形體雖各   ② 同根異枝   ③ 比之於木   ④ 素受一血

1. 동근이지(   )   2. 형체수각(   )
3. 소수일혈(   )   4. 비지어목(   )

03 다음 訓(훈)과 音(음)을 가진 漢字를 (   ) 안에 써 보세요.

> 예 아버지 부 ➡ (父)

1. 형체 형(   )   2. 한 일(   )   3. 본디 소 (   )   4. 비록 수(   )
5. 비할 비(   )   6. 어조사 어(   )   7. 몸 체(   )   8. 같을 동(   )
9. 각각 각(   )   10. 뿌리 근(   )   11. 받을 수(   )   12. 피 혈(   )
13. 다를 이(   )   14. 이/갈 지(   )   15. 나무 목(   )   16. 가지 지(   )

5회

比之於水 : 비지어수
④ ① ③ ②　이를 물에 비한다면

同源異流 : 동원이류
② ① ④ ③　근원은 같으나 물줄기가 다른 것과 같은 것이다.

比	之	於	水
비할 비	이(갈) 지	어조사 어	물 수
比	之	於	水

同	源	異	流
같을 동	근원 원	다를 이	흐를 류
同	源	異	流

6회

爲兄爲弟 : 위형위제
② ① ④ ③　(그러므로) 형이 되고 아우된 사람은

何須不和 : 하수불화
① ② ④ ③　모름지기 화합하지 않을 수 있겠는가?

爲	兄	爲	弟
될 위	맏(형) 형	될 위	아우 제
爲	兄	爲	弟

何	須	不	和
어찌 하	모름지기 수	아닐 불(부)	화할 화
何	須	不	和

四字小學 확인문제 5-6회 — 형제의 우애 ①

[정답 138페이지]

01 다음 ( ) 안에 알맞은 음(소리)을 보기 에서 찾아 써 보세요.

> 보기 ① 위형위제   ② 동원이류   ③ 화합   ④ 물
> ⑤ 하수불화   ⑥ 비지어수   ⑦ 아우   ⑧ 근원

1. 比之於水(   ) : 이를 (   )에 비한다면
2. 同源異流(   ) : (   )은 같으나 물줄기가 다른 것과 같은 것이다.
3. 爲兄爲弟(   ) : (그러므로) 형이 되고 (   )된 사람은
4. 何須不和(   ) : 모름지기 (   )하지 않을 수 있겠는가?

02 다음 보기 에 있는 한자를 찾아 ( ) 안에 써 보세요.

> 보기 ① 爲兄爲弟   ② 比之於水   ③ 同源異流   ④ 何須不和

1. 비지어수(   )
2. 하수불화(   )
3. 위형위제(   )
4. 동원이류(   )

03 다음 訓(훈)과 音(음)을 가진 漢字를 ( ) 안에 써 보세요.

> 예 아버지 부 ➡ (父)

1. 물 수(   )
2. 될 위(   )
3. 근원 원(   )
4. 이/갈 지(   )
5. 모름지기 수(   )
6. 비할 비(   )
7. 맏/형 형(   )
8. 다를 이(   )
9. 같을 동(   )
10. 아우 제(   )
11. 어조사 어(   )
12. 흐를 류(   )
13. 화할 화(   )
14. 어찌 하(   )
15. 아닐 불/부(   )

7회

事兄必恭 : 사형필공
형님 섬기기를 반드시 공손히 하고

愛弟如友 : 애제여우
아우 사랑하기를 벗과 같이 하라.

섬길 사	맏(형) 형	반드시 필	공손할 공
事	兄	必	恭

사랑 애	아우 제	같을 여	벗 우
愛	弟	如	友

8회

兄雖責我 : 형수책아
형이 비록 나를 꾸짖을지라도

不敢怒怨 : 불감노원
감히 성내거나 원망하여서는 아니 된다.

맏(형) 형	비록 수	꾸짖을 책	나 아
兄	雖	責	我

아닐 불(부)	구태여 감	성낼 노	원망할 원
不	敢	怒	怨

四字小學 확인문제

7-8회 형제의 우애 ①

[정답 138페이지]

01 다음 ( ) 안에 알맞은 음(소리)을 보기 에서 찾아 써 보세요.

보기
① 불감노원   ② 사랑   ③ 사형필공   ④ 공손히
⑤ 형수책아   ⑥ 꾸짖을   ⑦ 애제여우   ⑧ 원망

1. 事兄必恭( ) : 형님 섬기기를 반드시 ( ) 하고
2. 愛弟如友( ) : 아우 ( )하기를 벗과 같이 하라.
3. 兄雖責我( ) : 형이 비록 나를 ( )지라도
4. 不敢怒怨( ) : 감히 성내거나 ( )하여서는 아니 된다.

02 다음 보기 에 있는 한자를 찾아 ( ) 안에 써 보세요.

보기 ① 事兄必恭   ② 不敢怒怨   ③ 兄雖責我   ④ 愛弟如友

1. 형수책아( )   2. 애제여우( )
3. 불감노원( )   4. 사형필공( )

03 다음 訓(훈)과 音(음)을 가진 漢字를 ( ) 안에 써 보세요.

예 아버지 부 ➡ (父)

1. 반드시 필( )   2. 비록 수( )   3. 섬길 사( )   4. 아우 제( )
5. 사랑 애( )   6. 꾸짖을 책( )   7. 같을 여( )   8. 성낼 노( )
9. 벗 우( )   10. 맏/형 형( )   11. 나 아( )   12. 공손할 공( )
13. 아닐 불/부( )   14. 원망할 원( )   15. 구태여 감( )

9회

一粒之食 : **일입지식**
② ① ③ ④   쌀 한 알의 밥이라 하더라도

必分而食 : **필분이식**
① ② ③ ④   (형제간에는) 반드시 나누어 먹어야 한다.

한 일	쌀알 립	이(갈) 지	밥 식	반드시 필	나눌 분	말이을 이	먹을(밥) 식
一	粒	之	食	必	分	而	食

10회

一杯之水 : **일배지수**
① ② ③ ④   (비록) 한 잔의 물이라도

必分而飮 : **필분이음**
① ② ③ ④   (형제간에는) 반드시 나누어 마셔야 한다.

한 일	잔 배	이(갈) 지	물 수	반드시 필	나눌 분	말이을 이	마실 음
一	杯	之	水	必	分	而	飮

제 4편 형제의 우애 ①

四字小學 확인문제

9-10회   형제의 우애 ①   [정답 138페이지]

01 다음 (　) 안에 알맞은 음(소리)을 보기 에서 찾아 써 보세요.

> 보기　① 필분이식　② 필분이음　③ 밥　④ 일배지수
> 　　　⑤ 잔　　　⑥ 일입지식　⑦ 나누어　⑧ 마셔야

❶ 一粒之食(　　　) : 쌀 한 알의 (　　　)이라 하더라도

❷ 必分而食(　　　) : (형제간에는) 반드시 (　　　) 먹어야 한다.

❸ 一杯之水(　　　) : (비록) 한 (　　　)의 물이라도

❹ 必分而飮(　　　) : (형제간에는) 반드시 나누어 (　　　) 한다.

02 다음 보기 에 있는 한자를 찾아 (　) 안에 써 보세요.

> 보기　① 一杯之水　② 一粒之食　③ 必分而飮　④ 必分而食

❶ 필분이음(　　　)　　　❷ 일입지식(　　　)

❸ 필분이식(　　　)　　　❹ 일배지수(　　　)

03 다음 訓(훈)과 音(음)을 가진 漢字를 (　) 안에 써 보세요.

> 예　아버지 부 ➡ (父)

❶ 반드시 필(　)　❷ 잔 배(　)　❸ 한 일(　)　❹ 마실 음(　)

❺ 먹을/밥 식(　)　❻ 쌀알 립(　)　❼ 물 수(　)　❽ 나눌 분(　)

❾ 이/갈 지(　)　❿ 말 이을 이(　)

11회

兄無衣服 : **형무의복**
형님에게 의복이 없으면

弟必獻之 : **제필헌지**
아우는 반드시 이를 마련해 주어야 하며,

兄	無	衣	服
맏(형) 형	없을 무	옷 의	옷 복
兄	無	衣	服

弟	必	獻	之
아우 제	반드시 필	드릴 헌	이(갈) 지
弟	必	獻	之

12회

弟無衣服 : **제무의복**
아우에게 의복이 없으면

兄必與之 : **형필여지**
형님은 반드시 이를(옷을 마련하여) 주어야 한다.

弟	無	衣	服
아우 제	없을 무	옷 의	옷 복
弟	無	衣	服

兄	必	與	之
맏(형) 형	반드시 필	줄 여	이(갈) 지
兄	必	與	之

四字小學 확인문제 11-12회 형제의 우애 ①

[정답 138페이지]

01 다음 ( ) 안에 알맞은 음(소리)을 보기 에서 찾아 써 보세요.

> 보기 ① 의복   ② 제필헌지   ③ 형필여지   ④ 없으면
> ⑤ 반드시   ⑥ 형무의복   ⑦ 주어야   ⑧ 제무의복

1. 兄無衣服( ) : 형님에게 ( )이 없으면
2. 弟必獻之( ) : 아우는 ( ) 이를 마련해 주어야 하며,
3. 弟無衣服( ) : 아우에게 의복이 ( )
4. 兄必與之( ) : 형님은 반드시 이를(옷을 마련하여) ( ) 한다.

02 다음 보기 에 있는 한자를 찾아 ( ) 안에 써 보세요.

> 보기 ① 弟無衣服   ② 兄無衣服   ③ 弟必獻之   ④ 兄必與之

1. 제필헌지( )   2. 형필여지( )
3. 형무의복( )   4. 제무의복( )

03 다음 訓(훈)과 音(음)을 가진 漢字를 ( ) 안에 써 보세요.

> 예 아버지 부 ➡ (父)

1. 아우 제( )   2. 맏/형 형( )   3. 줄 여( )   4. 반드시 필( )
5. 드릴 헌( )   6. 이/갈 지( )   7. 없을 무( )   8. 옷 복( )
9. 옷 의( )

13회

私其飲食 : **사기음식**
④ ① ② ③
형제 사이에 (그) 음식을 나누어 먹지 않으면

禽獸之類 : **금수지류**
① ② ③ ④
(이는) 금수(짐승)의 종류와 다를 바가 없다.

私	其	飲	食		禽	獸	之	類
사사 사	그 기	마실 음	먹을(밥) 식		새 금	짐승 수	이(갈) 지	종류 류
私	其	飲	食		禽	獸	之	類

14회

私其衣服 : **사기의복**
④ ① ② ③
형제 사이에 (그) 옷을 나누어 입지 않으면

夷胡之徒 : **이호지도**
① ② ④ ③
오랑캐(야만인)의 무리와 다를 바가 없다.

私	其	衣	服		夷	胡	之	徒
사사 사	그 기	옷 의	옷 복		오랑캐 이	오랑캐 호	이(갈) 지	무리 도
私	其	衣	服		夷	胡	之	徒

13-14회 형제의 우애 ①

01 다음 ( ) 안에 알맞은 음(소리)을 보기 에서 찾아 써 보세요.

> 보기 ① 음식 ② 옷 ③ 금수지류 ④ 종류
> ⑤ 이호지도 ⑥ 사기음식 ⑦ 무리 ⑧ 사기의복

1 私其飮食(　　　) : 형제 사이에 (그) (　　　)을 나누어 먹지 않으면

2 禽獸之類(　　　) : (이는) 금수(짐승)의 (　　　)와 다를 바가 없다.

3 私其衣服(　　　) : 형제 사이에 (그) (　　　)을 나누어 입지 않으면

4 夷胡之徒(　　　) : 오랑캐(야만인)의 (　　　)와 다를 바가 없다.

02 다음 보기 에 있는 한자를 찾아 ( ) 안에 써 보세요.

> 보기 ① 夷胡之徒 ② 禽獸之類 ③ 私其飮食 ④ 私其衣服

1 사기음식(　　　)　　2 사기의복(　　　)

3 이호지도(　　　)　　4 금수지류(　　　)

03 다음 訓(훈)과 音(음)을 가진 漢字를 ( ) 안에 써 보세요.

> 예 아버지 부 ➡ (父)

1 사사 사(　　) 2 이/갈 지(　　) 3 새 금(　　) 4 먹을/밥 식(　　)

5 옷 의(　　) 6 그 기(　　) 7 오랑캐 호(　　) 8 마실 음(　　)

9 짐승 수(　　) 10 무리 도(　　) 11 옷 복(　　) 12 종류 류(　　)

13 오랑캐 이(　　)

15회

我打我弟 : **아타아제**
내가 나의 동생을 때린다는 것은

猶打父母 : **유타부모**
(마치) 부모님을 때리는 것과 같은 것이다.

我	打	我	弟
나 아	칠 타	나 아	아우 제
我	打	我	弟

猶	打	父	母
같을 유	칠 타	아버지 부	어머니 모
猶	打	父	母

16회

我欺兄弟 : **아기형제**
내가 나의 형제들을 속이는 것은

如欺父母 : **여기부모**
(마치) 부모님을 속이는 것과 같은 것이다.

我	欺	兄	弟
나 아	속일 기	맏(형) 형	아우 제
我	欺	兄	弟

如	欺	父	母
같을 여	속일 기	아버지 부	어머니 모
如	欺	父	母

四字小學 확인문제 15-16회   형제의 우애 ①

[정답 138페이지]

01 다음 ( ) 안에 알맞은 음(소리)을 보기 에서 찾아 써 보세요.

> 보기 ① 때린다 ② 아기형제 ③ 속이는 ④ 유타부모
> ⑤ 아타아제 ⑥ 여기부모 ⑦ 같은 ⑧ 부모

1) 我打我弟( ) : 내가 나의 동생을 ( )는 것은
2) 猶打父母( ) : (마치) ( )님을 때리는 것과 같은 것이다.
3) 我欺兄弟( ) : 내가 나의 형제들을 ( ) 것은
4) 如欺父母( ) : (마치) 부모님을 속이는 것과 ( ) 것이다.

02 다음 보기 에 있는 한자를 찾아 ( ) 안에 써 보세요.

> 보기 ① 我打我弟   ② 我欺兄弟   ③ 猶打父母   ④ 如欺父母

1) 아기형제( )   2) 아타아제( )
3) 여기부모( )   4) 유타부모( )

03 다음 訓(훈)과 音(음)을 가진 漢字를 ( ) 안에 써 보세요.

> 예 물 수 ➡ (水)

1) 칠 타( )   2) 나 아( )   3) 어머니 모( )   4) 아우 제( )
5) 같을 유( )   6) 같을 여( )   7) 맏/형 형( )   8) 속일 기( )
9) 아버지 부( )

제5편 형제의 우애 ②

四字小學

학습 계획

1회	我及兄弟 아급형제	同受親血 동수친혈
2회	兄有過失 형유과실	和氣以諫 화기이간
3회	弟有過失 제유과실	怡聲以訓 이성이훈
4회	兄弟有病 형제유병	憫而思救 민이사구
5회	兄弟有善 형제유선	必譽于外 필예우외
6회	兄弟有惡 형제유악	隱而勿現 은이물현
7회	我身能孝 아신능효	兄弟亦效 형제역효
8회	我身不孝 아신불효	兄弟亦則 형제역칙
9회	我出晚來 아출만래	倚門俟之 의문사지

10회	弟出不還 제출불환	登高望之 등고망지
11회	兄範如此 형범여차	弟亦似之 제역사지
12회	雖有他親 수유타친	豈有如此 기유여차
13회	我有憂患 아유우환	兄弟亦憂 형제역우
14회	我有歡樂 아유환락	兄弟亦樂 형제역락
15회	雖有良朋 수유양붕	不及如此 불급여차
16회	敬我兄後 경아형후	敬人之兄 경인지형
17회	愛我弟後 애아제후	愛人之弟 애인지제
18회	我事人親 아사인친	人事我親 인사아친
19회	我敬人兄 아경인형	人敬我兄 인경아형

1회

我及兄弟 : **아급형제**
나와 형제는

同受親血 : **동수친혈**
다 부모님의 한 피를 받아 태어났다.

我	及	兄	弟
나 아	및(미칠) 급	맏(형) 형	아우 제
我	及	兄	弟

同	受	親	血
한가지 동	받을 수	어버이 친	피 혈
同	受	親	血

2회

兄有過失 : **형유과실**
(혹시) 형에게 잘못이 있으면

和氣以諫 : **화기이간**
(동생은) 온화한 기색(氣色)으로써 이를 충고(忠告)하라.

兄	有	過	失
맏(형) 형	있을 유	허물 과	잃을 실
兄	有	過	失

和	氣	以	諫
화할 화	기운 기	써 이	간할 간
和	氣	以	諫

제5편 형제의 우애 ②

四字小學 확인문제

1-2회 　　형제의 우애 ②　　[정답 139페이지]

01 다음 (　) 안에 알맞은 음(소리)을 보기 에서 찾아 써 보세요.

> 보기　① 형제　　② 화기이간　　③ 동수친혈　　④ 잘못
> 　　　⑤ 충고　　⑥ 아급형제　　⑦ 형유과실　　⑧ 피

1. 我及兄弟(　　) : 나와 (　　)는
2. 同受親血(　　) : 다 부모님의 한 (　　)를 받아 태어났다.
3. 兄有過失(　　) : (혹시) 형에게 (　　)이 있으면
4. 和氣以諫(　　) : (동생은) 온화한 기색(氣色)으로써 이를 (　　)(忠告)하라.

02 다음 보기 에 있는 한자를 찾아 (　) 안에 써 보세요.

> 보기　① 和氣以諫　　② 我及兄弟　　③ 同受親血　　④ 兄有過失

1. 동수친혈(　　)　　2. 형유과실(　　)
3. 화기이간(　　)　　4. 아급형제(　　)

03 다음 한자의 훈(뜻)과 음(소리)을 (　) 안에 써 보세요.

> 예　父 ➡ (아버지 부)

1. 兄(　)　2. 同(　)　3. 我(　)　4. 有(　)
5. 及(　)　6. 受(　)　7. 氣(　)　8. 弟(　)
9. 親(　)　10. 諫(　)　11. 過(　)　12. 血(　)
13. 以(　)　14. 失(　)　15. 和(　)

3회

弟有過失 : 제유과실
아우에게 잘못이 있으면

怡聲以訓 : 이성이훈
(형은) 부드럽고 다정한 말로써 훈계하라.

弟	有	過	失	怡	聲	以	訓
아우 제	있을 유	허물 과	잃을 실	기쁠 이	소리 성	써 이	가르칠 훈

4회

兄弟有病 : 형제유병
(만약) 형제 중에 병이 있으면

憫而思救 : 민이사구
이를 불쌍히 여겨 구해 줄 것을 생각하라.

兄	弟	有	病	憫	而	思	救
맏(형) 형	아우 제	있을 유	병들 병	민망할 민	말이을 이	생각 사	구원할 구

제5편 형제의 우애 ②

四字小學 확인문제 3-4회 형제의 우애 ②

[정답 139페이지]

01 다음 ( ) 안에 알맞은 음(소리)을 보기 에서 찾아 써 보세요.

> 보기 ① 이성이훈   ② 아우   ③ 민이사구   ④ 훈계
> ⑤ 제유과실   ⑥ 병   ⑦ 구해   ⑧ 형제유병

1. 弟有過失(   ) : (   )에게 잘못이 있으면
2. 怡聲以訓(   ) : (형은) 부드럽고 다정한 말로써 (   )하라.
3. 兄弟有病(   ) : (만약) 형제 중에 (   )이 있으면
4. 憫而思救(   ) : 이를 불쌍히 여겨 (   ) 줄 것을 생각하라.

02 다음 보기 에 있는 한자를 찾아 ( ) 안에 써 보세요.

> 보기 ① 弟有過失   ② 憫而思救   ③ 兄弟有病   ④ 怡聲以訓

1. 형제유병(   )   2. 이성이훈(   )
3. 제유과실(   )   4. 민이사구(   )

03 다음 한자의 훈(뜻)과 음(소리)을 ( ) 안에 써 보세요.

> 예 父 ➡ (아버지 부)

1. 弟(   )   2. 兄(   )   3. 怡(   )   4. 有(   )
5. 憫(   )   6. 聲(   )   7. 過(   )   8. 以(   )
9. 而(   )   10. 失(   )   11. 思(   )   12. 訓(   )
13. 病(   )   14. 救(   )

5회

兄弟有善 : **형제유선**
형제 중에 착한 일을 한 일이 있으면

必譽于外 : **필예우외**
반드시 밖에 나가 칭찬하라.

맏(형) 형	아우 제	있을 유	착할 선
兄	弟	有	善

반드시 필	명예 예	어조사 우	바깥 외
必	譽	于	外

6회

兄弟有惡 : **형제유악**
형제 중에 좋지 못한 일이 있으면

隱而勿現 : **은이물현**
감추고 나타내지 말라.

맏(형) 형	아우 제	있을 유	악할 악
兄	弟	有	惡

숨길 은	말이을 이	말 물	나타날 현
隱	而	勿	現

확인문제 5-6회   형제의 우애 ②   [정답 139페이지]

01 다음 (   ) 안에 알맞은 음(소리)을 보기 에서 찾아 써 보세요.

> 보기 ① 필예우외   ② 형제유악   ③ 좋지 못한   ④ 착한
>   ⑤ 밖   ⑥ 형제유선   ⑦ 감추고   ⑧ 은이물현

1. 兄弟有善(   ) : 형제 중에 (   ) 일을 한 일이 있으면
2. 必譽于外(   ) : 반드시 (   )에 나가 칭찬하라.
3. 兄弟有惡(   ) : 형제 중에 (   ) 일이 있으면
4. 隱而勿現(   ) : (   ) 나타내지 말라.

02 다음 보기 에 있는 한자를 찾아 (   ) 안에 써 보세요.

> 보기 ① 兄弟有善   ② 兄弟有惡   ③ 隱而勿現   ④ 必譽于外

1. 은이물현(   )   2. 형제유선(   )
3. 필예우외(   )   4. 형제유악(   )

03 다음 한자의 훈(뜻)과 음(소리)을 (   ) 안에 써 보세요.

> 예 父 ➡ (아버지 부)

1. 譽(   )   2. 有(   )   3. 外(   )   4. 弟(   )
5. 兄(   )   6. 惡(   )   7. 必(   )   8. 隱(   )
9. 于(   )   10. 現(   ) 11. 善(   ) 12. 勿(   )
13. 而(   )

7회

我身能孝 : **아신능효**
① ② ③ ④   내 몸이(내가) 능히 효도하면

兄弟亦效 : **형제역효**
① ② ③ ④   형제들 또한 이를 본받게 된다.

我	身	能	孝
나 아	몸 신	능할 능	효도 효
我	身	能	孝

兄	弟	亦	效
맏(형) 형	아우 제	또 역	본받을 효
兄	弟	亦	效

8회

我身不孝 : **아신불효**
① ② ③ ④   내 몸이(내가) 능히 불효하면

兄弟亦則 : **형제역칙**
① ② ③ ④   형제 또한 그 불효를 본받게 된다.

我	身	不	孝
나 아	몸 신	아닐 불(부)	효도 효
我	身	不	孝

兄	弟	亦	則
맏(형) 형	아우 제	또 역	본받을 칙, 곧 즉
兄	弟	亦	則

7-8회 형제의 우애 ②

[정답 139페이지]

01 다음 (   ) 안에 알맞은 음(소리)을 보기 에서 찾아 써 보세요.

> 보기 ① 본받게   ② 불효   ③ 형제역효   ④ 효도
> ⑤ 형제역칙   ⑥ 아신능효   ⑦ 형제   ⑧ 아신불효

① 我身能孝(   ) : 내 몸이(내가) 능히 (   )하면

② 兄弟亦效(   ) : 형제들 또한 이를 (   ) 된다.

③ 我身不孝(   ) : 내 몸이(내가) 능히 (   )하면

④ 兄弟亦則(   ) : (   ) 또한 그 불효를 본받게 된다.

02 다음 보기 에 있는 한자를 찾아 (   ) 안에 써 보세요.

> 보기 ① 我身不孝   ② 兄弟亦效   ③ 我身能孝   ④ 兄弟亦則

① 아신능효(   )   ② 아신불효(   )

③ 형제역칙(   )   ④ 형제역효(   )

03 다음 한자의 훈(뜻)과 음(소리)을 (   ) 안에 써 보세요.

> 예 父 ➡ (아버지 부)

① 兄(   )   ② 我(   )   ③ 不(   )   ④ 弟(   )

⑤ 則(   )   ⑥ 亦(   )   ⑦ 身(   )   ⑧ 效(   )

⑨ 能(   )   ⑩ 孝(   )

9회

我出晚來 : **아출만래**
❶ ❷ ❸ ❹ 　만일 형이 외출하였다가 늦게 돌아오면

倚門俟之 : **의문사지** 아우는 대문에 기대어 이를(형이 돌아오기를)
❷ ❶ ❹ ❸ 　기다린다(그만큼 형을 끔직히 생각함).

我	出	晚	來
나 아	나갈 출	늦을 만	올 래

倚	門	俟	之
기댈 의	문 문	기다릴 사	이(갈) 지

10회

弟出不還 : **제출불환**
❶ ❷ ❹ ❸ 　만일 아우가 나가서 늦게까지 돌아오지 않으면

登高望之 : **등고망지** 형은 높은 데 올라가서 이를(동생이 돌아오기
❷ ❶ ❹ ❸ 　를) 바래야 한다(그만큼 아우에게 사랑을 베풀어야 함).

弟	出	不	還
아우 제	나갈 출	아닐 불(부)	돌아올 환

登	高	望	之
오를 등	높을 고	바랄 망	이(갈) 지

四字小學 확인문제 9-10회 형제의 우애 ②

[정답 139페이지]

01 다음 (   ) 안에 알맞은 음(소리)을 보기 에서 찾아 써 보세요.

> 보기 ① 대문 ② 바래야 ③ 의문사지 ④ 늦게
> ⑤ 돌아오지 ⑥ 등고망지 ⑦ 아출만래 ⑧ 제출불환

1 我出晚來(   ) : 만일 형이 외출하였다가 (   ) 돌아오면
2 倚門俟之(   ) : 아우는 (   )에 기대어 이를(형이 돌아오기를) 기다린다
   (그만큼 형을 끔직히 생각함).
3 弟出不還(   ) : 만일 아우가 나가서 늦게까지 (   ) 않으면
4 登高望之(   ) : 형은 높은 데 올라가서 이를(동생이 돌아오기를) (   )
   한다(그만큼 아우에게 사랑을 베풀어야 함).

02 다음 보기 에 있는 한자를 찾아 (   ) 안에 써 보세요.

> 보기 ① 我出晚來 ② 弟出不還 ③ 登高望之 ④ 倚門俟之

1 아출만래(   )   2 등고망지(   )
3 제출불환(   )   4 의문사지(   )

03 다음 한자의 훈(뜻)과 음(소리)을 (   ) 안에 써 보세요.

> 예 父 ➡ (아버지 부)

1 倚(   ) 2 弟(   ) 3 我(   ) 4 門(   )
5 俟(   ) 6 出(   ) 7 登(   ) 8 晚(   )
9 高(   ) 10 來(   ) 11 不(   ) 12 之(   )
13 望(   ) 14 還(   )

11회

兄範如此 : **형범여차**
형이 이와 같이 본보기를 보인다면

弟亦似之 : **제역사지**
아우 또한 이를 본받아 형과 같은 행동을 한다.

맏(형) 형	법 범	같을 여	이 차
兄	範	如	此

아우 제	또 역	같을 사	이(갈) 지
弟	亦	似	之

12회

雖有他親 : **수유타친**
비록 형제 아닌 다른 사람들과 아무리 친하다 해도

豈有如此 : **기유여차**
어찌 이와 같을 수 (형제 사이와) 있겠는가?

비록 수	있을 유	다를 타	친할 친
雖	有	他	親

어찌 기	있을 유	같을 여	이 차
豈	有	如	此

제5편 형제의 우애 ②

四字小學 확인문제 11-12회 형제의 우애 ②

01 다음 ( ) 안에 알맞은 음(소리)을 보기에서 찾아 써 보세요.

> 보기 ① 같은   ② 기유여차   ③ 제역사지   ④ 비록
> ⑤ 어찌   ⑥ 형범여차   ⑦ 수유타친   ⑧ 본보기

1. 兄範如此( ) : 형이 이와 같이 ( )를 보인다면
2. 弟亦似之( ) : 아우 또한 이를 본받아 형과 ( ) 행동을 한다.
3. 雖有他親( ) : ( ) 형제 아닌 다른 사람들과 아무리 친하다 해도
4. 豈有如此( ) : ( ) 이와 같을 수(형제 사이와) 있겠는가?

02 다음 보기에 있는 한자를 찾아 ( ) 안에 써 보세요.

> 보기 ① 豈有如此   ② 弟亦似之   ③ 雖有他親   ④ 兄範如此

1. 제역사지( )   2. 형범여차( )
3. 기유여차( )   4. 수유타친( )

03 다음 한자의 훈(뜻)과 음(소리)을 ( ) 안에 써 보세요.

> 예 父 ➡ (아버지 부)

1. 之( )   2. 兄( )   3. 弟( )   4. 如( )
5. 雖( )   6. 他( )   7. 範( )   8. 亦( )
9. 此( )   10. 豈( )   11. 似( )   12. 有( )
13. 親( )

13회

我有憂患: **아유우환**
나에게 근심과 걱정이 있으면

兄弟亦憂: **형제역우**
형제 또한 같이 근심하게 된다.

我	有	憂	患
나 아	있을 유	근심 우	근심 환

兄	弟	亦	憂
맏(형) 형	아우 제	또 역	근심 우

14회

我有歡樂: **아유환락**
나에게 기쁘고 즐거운 일이 있으면

兄弟亦樂: **형제역락**
형제들 또한 같이 즐거워한다.

我	有	歡	樂
나 아	있을 유	기쁠 환	즐거울 락

兄	弟	亦	樂
맏(형) 형	아우 제	또 역	즐거울 락

제 5편 형제의 우애 ②

확인문제 13-14회 형제의 우애 ②

[정답 139페이지]

01 다음 (   ) 안에 알맞은 음(소리)을 보기 에서 찾아 써 보세요.

> 보기 ① 근심   ② 아유환락   ③ 형제   ④ 즐거워
>   ⑤ 아유우환 ⑥ 형제역락   ⑦ 형제역우 ⑧ 기쁘고

1. 我有憂患(   ) : 나에게 (   )과 걱정이 있으면
2. 兄弟亦憂(   ) : (   ) 또한 같이 근심하게 된다.
3. 我有歡樂(   ) : 나에게 (   ) 즐거운 일이 있으면
4. 兄弟亦樂(   ) : 형제들 또한 같이 (   )한다.

02 다음 보기 에 있는 한자를 찾아 (   ) 안에 써 보세요.

> 보기 ① 我有歡樂   ② 我有憂患   ③ 兄弟亦樂   ④ 兄弟亦憂

1. 형제역락(   )   2. 형제역우(   )
3. 아유환락(   )   4. 아유우환(   )

03 다음 한자의 훈(뜻)과 음(소리)을 (   ) 안에 써 보세요.

> 예 父 ➡ (아버지 부)

1. 我(   ) 2. 兄(   ) 3. 歡(   ) 4. 有(   )
5. 樂(   ) 6. 憂(   ) 7. 弟(   ) 8. 患(   )
9. 亦(   )

15회

雖有良朋 : **수유양붕**
① ④ ② ③   비록 나에게 착한 벗이 있다 하더라도

不及如此 : **불급여차**
④ ③ ② ①   어찌 이와(형제와) 같을 수 있겠는가?

雖	有	良	朋
비록 수	있을 유	어질 량	벗 붕
雖	有	良	朋

不	及	如	此
아닐 불(부)	미칠 급	같을 여	이 차
不	及	如	此

16회

敬我兄後 : **경아형후**
③ ① ② ④   내가 나의 형을 (먼저) 공경한 뒤에

敬人之兄 : **경인지형**
④ ① ② ③   다른 사람들의 형을 공경하라.

敬	我	兄	後
공경 경	나 아	맏(형) 형	뒤 후
敬	我	兄	後

敬	人	之	兄
공경 경	남(사람) 인	갈 지	맏(형) 형
敬	人	之	兄

확인문제 15-16회 — 형제의 우애 ②

[정답 139페이지]

01 다음 ( ) 안에 알맞은 음(소리)을 보기 에서 찾아 써 보세요.

> 보기 ① 불급여차   ② 벗   ③ 경인지형   ④ 같은
>   ⑤ 공경   ⑥ 경아형후 ⑦ 수유양붕   ⑧ 형

1. 雖有良朋(   ) : 비록 나에게 착한 (   )이 있다 하더라도
2. 不及如此(   ) : 어찌 이와(형제와) (   ) 수 있겠는가?
3. 敬我兄後(   ) : 내가 나의 형을 (먼저) (   )한 뒤에
4. 敬人之兄(   ) : 다른 사람들의 (   )을 공경하라.

02 다음 보기 에 있는 한자를 찾아 ( ) 안에 써 보세요.

> 보기 ①雖有良朋   ②敬我兄後   ③不及如此   ④敬人之兄

1. 경아형후(   )   2. 불급여차(   )
3. 경인지형(   )   4. 수유양붕(   )

03 다음 한자의 훈(뜻)과 음(소리)을 ( ) 안에 써 보세요.

> 예 父 ➡ (아버지 부)

1. 不(   ) 2. 雖(   ) 3. 敬(   ) 4. 有(   )
5. 及(   ) 6. 我(   ) 7. 良(   ) 8. 如(   )
9. 人(   ) 10. 朋(   ) 11. 之(   ) 12. 此(   )
13. 兄(   ) 14. 後(   )

17회

愛我弟後 : **애아제후**
내가 나의 아우를 (먼저) 사랑한 뒤에

愛人之弟 : **애인지제**
다른 사람들의 아우를 사랑하라.

사랑 애	나 아	아우 제	뒤 후
愛	我	弟	後

사랑 애	사람 인	갈 지	아우 제
愛	人	之	弟

18회

我事人親 : **아사인친**
내가 다른 사람들의 부모를 섬기면

人事我親 : **인사아친**
다른 사람들도 나의 부모를 섬기게 된다.

나 아	섬길 사	남(사람) 인	어버이 친
我	事	人	親

남(사람) 인	섬길 사	나 아	어버이 친
人	事	我	親

제5편 형제의 우애 ②

19회

我敬人兄 : **아경인형**
① ④ ② ③　내가 다른 사람들의 형을 공경하면

人敬我兄 : **인경아형**
① ④ ② ③　다른 사람들도 나의 형을 공경하게 된다.

我	敬	人	兄	人	敬	我	兄
나 아	공경 경	남(사람) 인	맏(형) 형	남(사람) 인	공경 경	나 아	맏(형) 형

17-19회　　형제의 우애 ②　　[정답 139페이지]

01 다음 ( ) 안에 알맞은 음(소리)을 보기 에서 찾아 써 보세요.

보기	① 아우	② 부모	③ 애아제후	④ 인사아친
	⑤ 섬기게	⑥ 아경인형	⑦ 아사인친	⑧ 사랑
	⑨ 내가	⑩ 애인지제	⑪ 공경	⑫ 인경아형

1 愛我弟後(　　) : 내가 나의 아우를 (먼저) (　　)한 뒤에

2 愛人之弟(　　) : 다른 사람들의 (　　)를 사랑하라.

❸ 我事人親(　　　　) : 내가 다른 사람들의 (　　　　)를 섬기면

❹ 人事我親(　　　　) : 다른 사람들도 나의 부모를 (　　　　) 된다.

❺ 我敬人兄(　　　　) : (　　　　) 다른 사람들의 형을 공경하면

❻ 人敬我兄(　　　　) : 다른 사람들도 나의 형을 (　　　　)하게 된다.

02 다음 보기 에 있는 한자를 찾아 (　　) 안에 써 보세요.

보기　① 我事人親　② 人敬我兄　③ 愛人之弟
　　　④ 我敬人兄　⑤ 愛我弟後　⑥ 人事我親

❶ 인사아친(　　　　)　　❷ 애인지제(　　　　)

❸ 애아제후(　　　　)　　❹ 인경아형(　　　　)

❺ 아경인형(　　　　)　　❻ 아사인친(　　　　)

03 다음 訓(훈)과 音(음)을 가진 漢字를 (　　) 안에 써 보세요.

예　父 ➡ (아버지 부)

❶ 愛(　　)　❷ 事(　　)　❸ 人(　　)　❹ 我(　　)

❺ 敬(　　)　❻ 之(　　)　❼ 弟(　　)　❽ 兄(　　)

❾ 親(　　)　❿ 後(　　)

제6편 친구 사귀기

四字小學

학습 계획

1회	人之處世 인지처세	不可無友 불가무우
2회	擇而交之 택이교지	有所補益 유소보익
3회	不擇而交 불택이교	反有害之 반유해지
4회	有其正人 유기정인	我亦自正 아역자정
5회	從遊邪人 종유사인	我亦自邪 아역자사
6회	近墨者黑 근묵자흑	近朱者赤 근주자적
7회	蓬生麻中 봉생마중	不扶自正 불부자정
8회	白沙在泥 백사재니	不染自陋 불염자루
9회	面贊我身 면찬아신	諂諛之人 첨유지인

10회	面責我身 면책아신	剛直之人 강직지인
11회	悅人贊己 열인찬기	百事皆僞 백사개위
12회	厭人責者 염인책자	其行無進 기행무진
13회	人無責友 인무책우	易陷不義 이함불의
14회	百足之蟲 백족지충	至死不僵 지사불강
15회	多友之人 다우지인	當事無誤 당사무오
16회	初不擇友 초불택우	後苦絶之 후고절지
17회	彼必大怒 피필대노	反有我害 반유아해
18회	友而不信 우이불신	非直之人 비직지인

고사성어 ③

41. 一口二言(일구이언) 한 입으로 두 말을 한다는 뜻으로, 한 가지 일에 대하여 말을 이랬다저랬다 함을 이르는 말
42. 一日三秋(일일삼추) 하루가 삼 년 같다는 뜻으로, 몹시 애태우며 기다림을 이르는 말
43. 一朝一夕(일조일석) 하루 아침과 하루 저녁이란 뜻으로, 짧은 시일을 이르는 말
44. 立春大吉(입춘대길) 입춘을 맞이하여 길운을 기원하며 벽이나 문짝 따위에 써 붙이는 글귀
45. 自問自答(자문자답) 스스로 묻고 스스로 대답함
46. 自手成家(자수성가) 물려받은 재산이 없이 자기 혼자의 힘으로 집안을 일으키고 재산을 모음
47. 作心三日(작심삼일) 단단히 먹은 마음이 사흘을 가지 못한다는 뜻으로, 결심이 굳지 못함을 이르는 말
48. 電光石火(전광석화) 번갯불이나 부싯돌의 불이 번쩍거리는 것과 같이 매우 짧은 시간이나 매우 재빠른 움직임
49. 前無後無(전무후무) 이전에도 없었고 앞으로도 없음
50. 朝變夕改(조변석개) 아침저녁으로 뜯어고친다는 뜻으로, 계획이나 결정 따위를 일관성이 없이 자주 고침을 이르는 말
51. 晝夜長川(주야장천) 밤낮으로 쉬지 아니하고 연달아
52. 知過必改(지과필개) 누구나 허물이 있는 것이니, 허물을 알면 즉시(卽時) 고쳐야 함
53. 千萬多幸(천만다행) 아주 다행함
54. 天災地變(천재지변) 지진, 홍수, 태풍 따위의 자연 현상으로 인한 재앙
55. 靑山流水(청산유수) 푸른 산에 흐르는 맑은 물이라는 뜻으로, 막힘없이 썩 잘하는 말
56. 草綠同色(초록동색) 풀색과 녹색은 같은 색이라는 뜻으로, 처지가 같은 사람들끼리 한패가 되는 경우를 비유적으로 이르는 말
57. 秋風落葉(추풍낙엽) 가을바람에 떨어지는 나뭇잎
58. 風化作用(풍화작용) 지표를 구성하는 암석이 햇빛, 공기, 물, 생물 따위의 작용으로 점차로 파괴되거나 분해되는 일
59. 花朝月夕(화조월석) 꽃 피는 아침과 달 밝은 밤이라는 뜻으로, 경치가 좋은 시절을 이르는 말
60. 訓民正音(훈민정음) 백성을 가르치는 바른 소리라는 뜻으로, 1443년에 세종대왕이 창제

1회

人之處世 : 인지처세
사람이 세상을 살아가는 데 있어

不可無友 : 불가무우
가히 벗이 없을 수는 없다.

人	之	處	世
사람 인	이(갈) 지	머무를 처	세상 세
人	之	處	世

不	可	無	友
아닐 불(부)	옳을 가	없을 무	벗 우
不	可	無	友

2회

擇而交之 : 택이교지
친구를 가리어 사귀면

有所補益 : 유소보익
도움과 이익되는 바가 있게 된다.

擇	而	交	之
가릴 택	말이을 이	사귈 교	이(갈) 지
擇	而	交	之

有	所	補	益
있을 유	바 소	도울 보	이익될 익
有	所	補	益

四字小學 확인문제 1-2회 친구 사귀기

[정답 140페이지]

01 다음 (   ) 안에 알맞은 음(소리)을 보기 에서 찾아 써 보세요.

> 보기 ① 인지처세   ② 가리어   ③ 불가무우   ④ 유소보익
> ⑤ 택이교지   ⑥ 이익   ⑦ 세상   ⑧ 벗

① 人之處世(   ) : 사람이 (   )을 살아가는 데 있어

② 不可無友(   ) : 가히 (   )이 없을 수는 없다.

③ 擇而交之(   ) : 친구를 (   ) 사귀면

④ 有所補益(   ) : 도움과 (   )되는 바가 있게 된다.

02 다음 보기 에 있는 한자를 찾아 (   ) 안에 써 보세요.

> 보기 ① 有所補益   ② 不可無友   ③ 人之處世   ④ 擇而交之

① 인지처세(   )   ② 유소보익(   )

③ 택이교지(   )   ④ 불가무우(   )

03 다음 訓(훈)과 音(음)을 가진 漢字를 (   ) 안에 써 보세요.

> 예 아버지 부 ➡ (父)

① 가릴 택(   )   ② 사람 인(   )   ③ 말 이을 이(   )   ④ 아닐 불/부(   )

⑤ 바 소(   )   ⑥ 이/갈 지(   )   ⑦ 옳을 가(   )   ⑧ 머무를 처(   )

⑨ 없을 무(   )   ⑩ 세상 세(   )   ⑪ 사귈 교(   )   ⑫ 벗 우(   )

⑬ 도울 보(   )   ⑭ 있을 유(   )   ⑮ 이익될 익(   )

3회

不擇而交 : **불택이교**
만일 친구를 가리지 아니하고 사귀게 되면

反有害之 : **반유해지**
이는 도리어 해로움이 있게 된다.

아닐 불(부)	가릴 택	말 이을 이	사귈 교
不	擇	而	交

도리어 반	있을 유	해할 해	이(갈) 지
反	有	害	之

4회

有其正人 : **유기정인**
친구 중 올바른 사람이 있으면

我亦自正 : **아역자정**
나 또한 자연히 올바른 것을 본받게 된다.

있을 유	그 기	바를 정	사람 인
有	其	正	人

나 아	또 역	스스로 자	바를 정
我	亦	自	正

四字小學 확인문제 3-4회   친구 사귀기   [정답 140페이지]

01 다음 (   ) 안에 알맞은 음(소리)을 보기 에서 찾아 써 보세요.

> 보기 ① 해로움   ② 유기정인   ③ 사귀게   ④ 아역자정
> ⑤ 자연히   ⑥ 반유해지   ⑦ 올바른   ⑧ 불택이교

1. 不擇而交(   ) : 만일 친구를 가리지 아니하고 (   ) 되면
2. 反有害之(   ) : 이는 도리어 (   )이 있게 된다.
3. 有其正人(   ) : 친구 중 (   ) 사람이 있으면
4. 我亦自正(   ) : 나 또한 (   ) 올바른 것을 본받게 된다.

02 다음 보기 에 있는 한자를 찾아 (   ) 안에 써 보세요.

> 보기 ① 我亦自正   ② 反有害之   ③ 有其正人   ④ 不擇而交

1. 반유해지(   )   2. 불택이교(   )
3. 아역자정(   )   4. 유기정인(   )

03 다음 訓(훈)과 音(음)을 가진 漢字를 (   ) 안에 써 보세요.

> 예 아버지 부 ➡ (父)

1. 도리어 반(   )   2. 아닐 불/부(   )   3. 있을 유(   )   4. 가릴 택(   )
5. 해할 해(   )   6. 말 이을 이(   )   7. 나 아(   )   8. 또 역(   )
9. 사귈 교(   )   10. 그 기(   )   11. 이/갈 지(   )   12. 바를 정(   )
13. 스스로 자(   )   14. 사람 인(   )

5회

從遊邪人 : **종유사인**
③ ④ ① ②   간사한 사람을 좇아서 놀면

我亦自邪 : **아역자사**
① ② ③ ④   나 또한 그들을 따라 간사해진다.

從	遊	邪	人	我	亦	自	邪
좇을 종	놀 유	간사할 사	사람 인	나 아	또 역	스스로 자	간사할 사
從	遊	邪	人	我	亦	自	邪

6회

近墨者黑 : **근묵자흑**
② ① ③ ④   먹을 가까이 하는 사람은 자신도 모르게 검게 되고

近朱者赤 : **근주자적**
② ① ③ ④   붉은 것을 가까이 하는 사람은 붉게 되기 마련이다.

近	墨	者	黑	近	朱	者	赤
가까울 근	먹 묵	사람(놈) 자	검을 흑	가까울 근	붉을 주	사람(놈) 자	붉을 적
近	墨	者	黑	近	朱	者	赤

四字小學 확인문제 5-6회 친구 사귀기   [정답 140페이지]

01 다음 (   ) 안에 알맞은 음(소리)을 보기에서 찾아 써 보세요.

> 보기 ① 근주자적   ② 먹   ③ 종유사인   ④ 나
>   ⑤ 붉은   ⑥ 아역자사   ⑦ 간사한   ⑧ 근묵자흑

1. 從遊邪人(   ) : (   ) 사람을 좇아서 놀면
2. 我亦自邪(   ) : (   ) 또한 그들을 따라 간사해진다.
3. 近墨者黑(   ) : (   )을 가까이 하는 사람은 자신도 모르게 검게 되고
4. 近朱者赤(   ) : (   ) 것을 가까이 하는 사람은 붉게 되기 마련이다.

02 다음 보기에 있는 한자를 찾아 (   ) 안에 써 보세요.

> 보기 ① 我亦自邪   ② 從遊邪人   ③ 近朱者赤   ④ 近墨者黑

1. 종유사인(   )   2. 근묵자흑(   )
3. 근주자적(   )   4. 아역자사(   )

03 다음 訓(훈)과 音(음)을 가진 漢字를 (   ) 안에 써 보세요.

> 예 아버지 부 ➡ (父)

1. 좇을 종(   )   2. 가까울 근(   )   3. 나 아(   )   4. 놀 유(   )
5. 먹 묵(   )   6. 또 역(   )   7. 간사할 사(   )   8. 붉을 주(   )
9. 붉을 적(   )   10. 사람 인(   )   11. 검을 흑(   )   12. 스스로 자(   )
13. 사람/놈 자(   )

7회

蓬生麻中 : **봉생마중**
①④②③   쑥이 삼 가운데(삼밭에서) 나면

不扶自正 : **불부자정**
②①③④   돕지 아니하여도 스스로 바르게 자란다.

蓬	生	麻	中
쑥 봉	날 생	삼 마	가운데 중

不	扶	自	正
아닐 불(부)	도울 부	스스로 자	바를 정

8회

白沙在泥 : **백사재니**
①②④③   흰 모래가 진흙 속에 있으면

不染自陋 : **불염자루**
②①③④   물들이지 아니하여도 자연히 더러워진다.

白	沙	在	泥
흰 백	모래 사	있을 재	진흙 니

不	染	自	陋
아닐 불(부)	물들 염	스스로 자	더러울 루

제 6 편 친구 사귀기

四字小學 확인문제

7-8회 친구 사귀기   [정답 140페이지]

01 다음 ( ) 안에 알맞은 음(소리)을 보기 에서 찾아 써 보세요.

> 보기 ① 모래   ② 삼   ③ 불염자루   ④ 불부자정
> ⑤ 물들이지   ⑥ 봉생마중   ⑦ 백사재니   ⑧ 바르게

1. 蓬生麻中( ) : 쑥이 ( ) 가운데(삼밭에서) 나면
2. 不扶自正( ) : 돕지 아니하여도 스스로 ( ) 자란다.
3. 白沙在泥( ) : 흰 ( )가 진흙 속에 있으면
4. 不染自陋( ) : ( ) 아니하여도 자연히 더러워진다.

02 다음 보기 에 있는 한자를 찾아 ( ) 안에 써 보세요.

> 보기 ① 蓬生麻中   ② 不染自陋   ③ 白沙在泥   ④ 不扶自正

1. 백사재니( )
2. 불부자정( )
3. 불염자루( )
4. 봉생마중( )

03 다음 訓(훈)과 音(음)을 가진 漢字를 ( ) 안에 써 보세요.

> 예 아버지 부 ➡ (父)

1. 아닐 불/부( )
2. 흰 백( )
3. 쑥 봉( )
4. 도울 부( )
5. 있을 재( )
6. 날 생( )
7. 스스로 자( )
8. 삼 마( )
9. 바를 정( )
10. 물들 염( )
11. 가운데 중( )
12. 더러울 루( )
13. 진흙 니( )
14. 모래 사( )

9회

面贊我身 : 면찬아신
대면하여 나를 칭찬하는 사람은

諂諛之人 : 첨유지인
아첨하는 사람이다.

面	贊	我	身	諂	諛	之	人
대면할 면	칭찬할 찬	나 아	몸 신	아첨할 첨	아첨할 유	이(갈) 지	사람 인
面	贊	我	身	諂	諛	之	人

10회

面責我身 : 면책아신
대면하여 나의 잘못을 꾸짖는 사람은

剛直之人 : 강직지인
강직한 사람이다.

面	責	我	身	剛	直	之	人
대면할 면	꾸짖을 책	나 아	몸 신	굳셀 강	곧을 직	이(갈) 지	사람 인
面	責	我	身	剛	直	之	人

四字小學 확인문제

9-10회 　　친구 사귀기　　[정답 140페이지]

01 다음 (　　) 안에 알맞은 음(소리)을 보기 에서 찾아 써 보세요.

> 보기
> ① 아첨　② 면책아신　③ 강직한　④ 면찬아신
> ⑤ 강직지인　⑥ 칭찬　⑦ 꾸짖는　⑧ 첨유지인

1. 面贊我身(　　) : 대면하여 나를 (　　)하는 사람은
2. 諂諛之人(　　) : (　　)하는 사람이다.
3. 面責我身(　　) : 대면하여 나의 잘못을 (　　) 사람은
4. 剛直之人(　　) : (　　) 사람이다.

02 다음 보기 에 있는 한자를 찾아 (　　) 안에 써 보세요.

> 보기
> ① 面贊我身　② 諂諛之人　③ 剛直之人　④ 面責我身

1. 첨유지인(　　)　　2. 면책아신(　　)
3. 강직지인(　　)　　4. 면찬아신(　　)

03 다음 訓(훈)과 音(음)을 가진 漢字를 (　　) 안에 써 보세요.

> 예　아버지 부 ➡ (父)

1. 아첨할 유(　) 2. 대면할 면(　) 3. 꾸짖을 책(　) 4. 칭찬할 찬(　)
5. 굳셀 강(　) 6. 나 아(　) 7. 아첨할 첨(　) 8. 곧을 직(　)
9. 이/갈 지(　) 10. 사람 인(　) 11. 몸 신(　)

11회

悅人贊己 : **열인찬기**
④①③② 사람이 자기 칭찬만을 좋아한다면

百事皆僞 : **백사개위**
①②③④ 모든 일이 거짓된 것이다.

悅	人	贊	己
기쁠 열	사람 인	칭찬할 찬	자기(몸) 기
悅	人	贊	己

百	事	皆	僞
일백 백	일 사	다 개	거짓 위
百	事	皆	僞

12회

厭人責者 : **염인책자**
③①②④ 다른 사람의 꾸짖음을 싫어하는 자는

其行無進 : **기행무진**
①②④③ 그 행실에 아무런 발전이 없을 것이다.

厭	人	責	者
싫을 염	사람 인	꾸짖을 책	사람(놈) 자
厭	人	責	者

其	行	無	進
그 기	행실 행	없을 무	나아갈 진
其	行	無	進

四字小學 확인문제 11-12회 친구 사귀기

[정답 140페이지]

01 다음 ( ) 안에 알맞은 음(소리)을 보기 에서 찾아 써 보세요.

> 보기 ① 자기 ② 염인책자 ③ 백사개위 ④ 싫어
> ⑤ 행실 ⑥ 열인찬기 ⑦ 거짓 ⑧ 기행무진

① 悅人贊己( ) : 사람이 ( ) 칭찬만을 좋아한다면
② 百事皆僞( ) : 모든 일이 ( )된 것이다.
③ 厭人責者( ) : 다른 사람의 꾸짖음을 ( )하는 자는
④ 其行無進( ) : 그 ( )에 아무런 발전이 없을 것이다.

02 다음 보기 에 있는 한자를 찾아 ( ) 안에 써 보세요.

> 보기 ①厭人責者 ②其行無進 ③悅人贊己 ④百事皆僞

① 백사개위( ) ② 염인책자( )
③ 기행무진( ) ④ 열인찬기( )

03 다음 訓(훈)과 音(음)을 가진 漢字를 ( ) 안에 써 보세요.

> 예 아버지 부 ➡ (父)

① 일백 백( ) ② 싫을 염( ) ③ 기쁠 열( ) ④ 일 사( )
⑤ 사람 인( ) ⑥ 다 개( ) ⑦ 칭찬할 찬( ) ⑧ 꾸짖을 책( )
⑨ 그 기( ) ⑩ 자기/몸 기( ) ⑪ 행실 행( ) ⑫ 거짓 위( )
⑬ 사람/놈 자( ) ⑭ 없을 무( ) ⑮ 나아갈 진( )

13회

人無責友 : 인무책우
① ④ ② ③   사람이 선을 권하는 벗이 없으면

易陷不義 : 이함불의
④ ③ ② ①   불의의 함정에 빠지기 쉽다.

人	無	責	友
사람 인	없을 무	권할 책	벗 우
人	無	責	友

易	陷	不	義
쉬울 이	빠질 함	아닐 불(부)	옳을 의
易	陷	不	義

14회

百足之蟲 : 백족지충
① ② ③ ④   백 개의 발을 가진 벌레는

至死不僵 : 지사불강
② ① ④ ③   죽음에 이르러도 자빠지지 아니한다.

百	足	之	蟲
일백 백	발 족	갈 지	벌레 충
百	足	之	蟲

至	死	不	僵
이를 지	죽을 사	아닐 불(부)	넘어질 강
至	死	不	僵

四字小學 확인문제

13-14회   친구 사귀기   [정답 140페이지]

01 다음 ( ) 안에 알맞은 음(소리)을 보기 에서 찾아 써 보세요.

> 보기 ① 지사불강   ② 벌레   ③ 권하는   ④ 백족지충
>   ⑤ 불의   ⑥ 인무책우 ⑦ 죽음   ⑧ 이함불의

① 人無責友( ) : 사람이 선을 ( ) 벗이 없으면

② 易陷不義( ) : ( )의 함정에 빠지기 쉽다.

③ 百足之蟲( ) : 백 개의 발을 가진 ( )는

④ 至死不僵( ) : ( )에 이르러도 자빠지지 아니한다.

02 다음 보기 에 있는 한자를 찾아 ( ) 안에 써 보세요.

> 보기 ① 至死不僵   ② 人無責友   ③ 百足之蟲   ④ 易陷不義

① 지사불강( )   ② 인무책우( )

③ 이함불의( )   ④ 백족지충( )

03 다음 訓(훈)과 音(음)을 가진 漢字를 ( ) 안에 써 보세요.

> 예 아버지 부 ➡ (父)

① 사람 인( )   ② 일백 백( )   ③ 쉬울 이( )   ④ 없을 무( )

⑤ 빠질 함( )   ⑥ 권할 책( )   ⑦ 발 족( )   ⑧ 벗 우( )

⑨ 이를 지( )   ⑩ 넘어질 강( ) ⑪ 아닐 불/부( ) ⑫ 옳을 의( )

⑬ 죽을 사( )   ⑭ 갈 지( )   ⑮ 벌레 충( )

15회

多友之人 : **다우지인**
벗이 많은 사람은

當事無誤 : **당사무오**
어려운 일을 당하여도 잘못되지 아니한다.

많을 다	벗 우	갈 지	사람 인
多	友	之	人

당할 당	일 사	없을 무	잘못 오
當	事	無	誤

16회

初不擇友 : **초불택우**
처음 벗을 사귈 때 가리지 아니하면

後苦絶之 : **후고절지**
나중에 괴로워하며 절교하게 된다.

처음 초	아닐 불(부)	가릴 택	벗 우
初	不	擇	友

뒤 후	괴로울 고	끊을 절	이(갈) 지
後	苦	絶	之

四字小學 확인문제 15-16회 친구 사귀기

[정답 140페이지]

01 다음 ( ) 안에 알맞은 음(소리)을 보기 에서 찾아 써 보세요.

> 보기 ① 처음   ② 다우지인   ③ 괴로워   ④ 당사무오
> ⑤ 후고절지   ⑥ 많은   ⑦ 잘못   ⑧ 초불택우

① 多友之人(　　　) : 벗이 (　　　) 사람은
② 當事無誤(　　　) : 어려운 일을 당하여도 (　　　)되지 아니한다.
③ 初不擇友(　　　) : (　　　) 벗을 사귈 때 가리지 아니하면
④ 後苦絶之(　　　) : 나중에 (　　　)하며 절교하게 된다.

02 다음 보기 에 있는 한자를 찾아 ( ) 안에 써 보세요.

> 보기 ① 後苦絶之   ② 初不擇友   ③ 當事無誤   ④ 多友之人

① 당사무오(　　　)　　② 다우지인(　　　)
③ 후고절지(　　　)　　④ 초불택우(　　　)

03 다음 訓(훈)과 音(음)을 가진 漢字를 ( ) 안에 써 보세요.

> 예 아버지 부 ➡ (父)

① 많을 다(　　)　② 처음 초(　　)　③ 벗 우(　　)　④ 당할 당(　　)
⑤ 아닐 불/부(　　)　⑥ 일 사(　　)　⑦ 이/갈 지(　　)　⑧ 가릴 택(　　)
⑨ 사람 인(　　)　⑩ 뒤 후(　　)　⑪ 없을 무(　　)　⑫ 괴로울 고(　　)
⑬ 잘못 오(　　)　⑭ 끊을 절(　　)

17회

彼必大怒 : **피필대노**
다른 이에게 반드시 크게 성내면

反有我害 : **반유아해**
도리어 나에게 해로움이 있게 된다.

彼	必	大	怒
저 피	반드시 필	큰 대	성낼 노
彼	必	大	怒

反	有	我	害
돌이킬 반	있을 유	나 아	해할 해
反	有	我	害

18회

友而不信 : **우이불신**
벗을 사귀되 믿지 아니하면

非直之人 : **비직지인**
이는 바른 사람이 아니다.

友	而	不	信
벗 우	말이을 이	아닐 불(부)	믿을 신
友	而	不	信

非	直	之	人
아닐 비	곧을 직	이(갈) 지	사람 인
非	直	之	人

확인문제 17-18회 친구 사귀기

[정답 140페이지]

01 다음 ( ) 안에 알맞은 음(소리)을 보기 에서 찾아 써 보세요.

> 보기 ① 우이불신 ② 피필대노 ③ 사람 ④ 해로움
> ⑤ 비직지인 ⑥ 성내면 ⑦ 믿지 ⑧ 반유아해

1) 彼必大怒(　　　) : 다른 이에게 반드시 크게 (　　　)
2) 反有我害(　　　) : 도리어 나에게 (　　　)이 있게 된다.
3) 友而不信(　　　) : 벗을 사귀되 (　　　) 아니하면
4) 非直之人(　　　) : 이는 바른 (　　　)이 아니다.

02 다음 보기 에 있는 한자를 찾아 ( ) 안에 써 보세요.

> 보기 ① 友而不信 ② 彼必大怒 ③ 非直之人 ④ 反有我害

1) 피필대노(　　　)　　2) 반유아해(　　　)
3) 비직지인(　　　)　　4) 우이불신(　　　)

03 다음 訓(훈)과 音(음)을 가진 漢字를 ( ) 안에 써 보세요.

> 예 아버지 부 ➡ (父)

1) 저 피(　) 2) 아닐 비(　) 3) 벗 우(　) 4) 반드시 필(　)
5) 말 이을 이(　) 6) 곧을 직(　) 7) 아닐 불/부(　) 8) 큰 대(　)
9) 돌이킬 반(　) 10) 성낼 노(　) 11) 믿을 신(　) 12) 있을 유(　)
13) 나 아(　) 14) 이/갈 지(　) 15) 해할 해(　)

제7편 스승 섬기기

四字小學

학습 계획

1회	事師如親 사사여친	必敬必恭 필경필공
2회	非教不知 비교부지	非知何行 비지하행
3회	能孝能悌 능효능제	莫非師恩 막비사은
4회	能知能信 능지능신	莫非師功 막비사공
5회	非汝自行 비여자행	惟師導之 유사도지
6회	其恩其功 기은기공	亦如天地 역여천지
7회	欲孝父母 욕효부모	何不敬師 하불경사
8회	報賜以力 보사이력	人之道也 인지도야
9회	師乏衣食 사핍의식	卽必獻之 즉필헌지

10회	師在病席 사재병석	卽必藥之 즉필약지
11회	汝等童子 여등동자	或忘師德 혹망사덕
12회	身有德行 신유덕행	人自稱傳 인자칭전
13회	不義富貴 불의부귀	於我如雲 어아여운
14회	借人典籍 차인전적	皆須愛護 개수애호
15회	遠惡近善 원악근선	知過必改 지과필개
16회	敏而好學 민이호학	不恥下問 불치하문
17회	人無修學 인무수학	冥如夜行 명여야행
18회	師父一體 사부일체	各宜勉之 각의면지

1회

事師如親 : **사사여친**
②①④③   스승 섬기기를 부모님 섬기는 것처럼 하여

必敬必恭 : **필경필공**
①②③④   반드시 공경하고 반드시 공손히 해야 한다.

섬길 사	스승 사	같을 여	어버이 친
事	師	如	親

반드시 필	공경 경	반드시 필	공손 공
必	敬	必	恭

2회

非教不知 : **비교부지**
②①④③   스승의 가르침이 아니라면 알지 못할 것이니

非知何行 : **비지하행**
②①③④   알지 못하면 어찌 행할 수 있겠는가?

아닐 비	가르칠 교	아닐 부(불)	알 지
非	教	不	知

아닐 비	알 지	어찌 하	행할 행
非	知	何	行

四字小學 확인문제 1-2회   스승 섬기기   [정답] 141페이지

01 다음 (   ) 안에 알맞은 음(소리)을 보기 에서 찾아 써 보세요.

> 보기 ① 사사여친   ② 알지   ③ 비교부지   ④ 공손히
>   ⑤ 행할   ⑥ 비지하행 ⑦ 스승   ⑧ 필경필공

① 事師如親(   ) : (   ) 섬기기를 부모님 섬기는 것처럼 하여

② 必敬必恭(   ) : 반드시 공경하고 반드시 (   ) 해야 한다.

③ 非教不知(   ) : 스승의 가르침이 아니라면 (   ) 못할 것이니

④ 非知何行(   ) : 알지 못하면 어찌 (   ) 수 있겠는가?

02 다음 보기 에 있는 한자를 찾아 (   ) 안에 써 보세요.

> 보기 ① 非教不知   ② 非知何行   ③ 必敬必恭   ④ 事師如親

① 사사여친(   )   ② 비교부지(   )

③ 필경필공(   )   ④ 비지하행(   )

03 다음 한자의 훈(뜻)과 음(소리)을 (   ) 안에 써 보세요.

> 예 父 ➡ (아버지 부)

① 必(   )   ② 事(   )   ③ 敬(   )   ④ 師(   )

⑤ 非(   )   ⑥ 如(   )   ⑦ 何(   )   ⑧ 教(   )

⑨ 行(   )   ⑩ 親(   )   ⑪ 不(   )   ⑫ 恭(   )

⑬ 知(   )

3회

能孝能悌 : 능효능제
내가 능히 효도하고 능히 공손할 수 있음은

莫非師恩 : 막비사은
스승의 은혜가 아닐 수 없다.

능할 능	효도 효	능할 능	공손할 제
能	孝	能	悌

없을 막	아닐 비	스승 사	은혜 은
莫	非	師	恩

4회

能知能信 : 능지능신
내가 능히 알게 되고 능히 소신을 가지게 됨은

莫非師功 : 막비사공
스승의 공이 아닐 수 없다.

능할 능	알 지	능할 능	믿을 신
能	知	能	信

없을 막	아닐 비	스승 사	공 공
莫	非	師	功

제7편 스승 섬기기

四字小學 확인문제

3-4회   스승 섬기기   [정답 141페이지]

01 다음 (   ) 안에 알맞은 음(소리)을 보기 에서 찾아 써 보세요.

> 보기   ① 능히   ② 공손   ③ 능효능제   ④ 능지능신
>   ⑤ 막비사공   ⑥ 막비사은   ⑦ 공   ⑧ 은혜

① 能孝能悌(　　　) : 내가 능히 효도하고 능히 (　　　)할 수 있음은

② 莫非師恩(　　　) : 스승의 (　　　)가 아닐 수 없다.

③ 能知能信(　　　) : 내가 (　　　) 알게 되고 능히 소신을 가지게 됨은

④ 莫非師功(　　　) : 스승의 (　　　)이 아닐 수 없다.

02 다음 보기 에 있는 한자를 찾아 (   ) 안에 써 보세요.

> 보기   ① 能知能信   ② 莫非師恩   ③ 莫非師功   ④ 能孝能悌

① 막비사공(　　　　　)　　　② 막비사은(　　　　　)

③ 능지능신(　　　　　)　　　④ 능효능제(　　　　　)

03 다음 한자의 훈(뜻)과 음(소리)을 (   ) 안에 써 보세요.

> 예   父 ➡ (아버지 부)

① 莫(　　　) ② 知(　　　) ③ 能(　　　) ④ 非(　　　)

⑤ 信(　　　) ⑥ 孝(　　　) ⑦ 師(　　　) ⑧ 悌(　　　)

⑨ 功(　　　) ⑩ 恩(　　　)

5회

非汝自行 : 비여자행
④ ① ② ③　이와 같은 것은 너 스스로 행함이 아니요

惟師導之 : 유사도지
① ② ③ ④　오직 스승이 이끌어 주셨기 때문이다.

非	汝	自	行	惟	師	導	之
아닐 비	너 여	스스로 자	행할 행	오직 유	스승 사	인도할 도	갈 지
非	汝	自	行	惟	師	導	之

6회

其恩其功 : 기은기공
① ② ③ ④　(스승의) 그 은혜와 그 공은

亦如天地 : 역여천지
① ④ ② ③　또한 천지와 같이 클 것이다.

其	恩	其	功	亦	如	天	地
그 기	은혜 은	그 기	공 공	또 역	같을 여	하늘 천	땅 지
其	恩	其	功	亦	如	天	地

四字小學 확인문제 5-6회 스승 섬기기

[정답 141페이지]

01 다음 ( ) 안에 알맞은 음(소리)을 보기 에서 찾아 써 보세요.

> 보기 ① 은혜   ② 행함   ③ 천지   ④ 유사도지
>   ⑤ 오직   ⑥ 역여천지   ⑦ 비여자행   ⑧ 기은기공

1. 非汝自行( ) : 이와 같은 것은 너 스스로 ( )이 아니요
2. 惟師導之( ) : ( ) 스승이 이끌어 주셨기 때문이다.
3. 其恩其功( ) : (스승의) 그 ( )와 그 공은
4. 亦如天地( ) : 또한 ( )와 같이 클 것이다.

02 다음 보기 에 있는 한자를 찾아 ( ) 안에 써 보세요.

> 보기 ① 亦如天地   ② 非汝自行   ③ 其恩其功   ④ 惟師導之

1. 기은기공( )
2. 비여자행( )
3. 역여천지( )
4. 유사도지( )

03 다음 한자의 훈(뜻)과 음(소리)을 ( ) 안에 써 보세요.

> 예 父 ➡ (아버지 부)

1. 非( )
2. 其( )
3. 惟( )
4. 汝( )
5. 師( )
6. 恩( )
7. 自( )
8. 功( )
9. 亦( )
10. 行( )
11. 如( )
12. 導( )
13. 天( )
14. 之( )
15. 地( )

7회

欲孝父母 : **욕효부모**
④③①②　부모께 효도하고자 하는 사람이

何不敬師 : **하불경사**
①④③②　어찌 스승을 공경하지 아니하리오.

하고자 할 욕	효도 효	아버지 부	어머니 모
欲	孝	父	母

어찌 하	아닐 불(부)	공경 경	스승 사
何	不	敬	師

8회

報賜以力 : **보사이력**
②①③④　베풀어 주신 은혜를 갚는 데 힘씀은

人之道也 : **인지도야**
①②③④　사람의 도리이다.

갚을 보	줄 사	써 이	힘 력
報	賜	以	力

사람 인	이(갈) 지	길 도	어조사 야
人	之	道	也

四字小學 확인문제 7-8회 스승 섬기기

[정답 141페이지]

01 다음 ( ) 안에 알맞은 음(소리)을 보기 에서 찾아 써 보세요.

> 보기 ① 하불경사 ② 주신 ③ 효도 ④ 보사이력
> ⑤ 욕효부모 ⑥ 도리 ⑦ 인지도야 ⑧ 스승

1. 欲孝父母( ) : 부모께 ( )하고자 하는 사람이
2. 何不敬師( ) : 어찌 ( )을 공경하지 아니하리오.
3. 報賜以力( ) : 베풀어 ( ) 은혜를 갚는 데 힘씀은
4. 人之道也( ) : 사람의 ( )이다.

02 다음 보기 에 있는 한자를 찾아 ( ) 안에 써 보세요.

> 보기 ① 欲孝父母 ② 人之道也 ③ 報賜以力 ④ 何不敬師

1. 보사이력( )
2. 욕효부모( )
3. 인지도야( )
4. 하불경사( )

03 다음 한자의 훈(뜻)과 음(소리)을 ( ) 안에 써 보세요.

> 예 水 ➡ (물 수)

1. 何( )
2. 欲( )
3. 報( )
4. 孝( )
5. 不( )
6. 賜( )
7. 父( )
8. 母( )
9. 敬( )
10. 人( )
11. 師( )
12. 之( )
13. 以( )
14. 道( )
15. 力( )
16. 也( )

9회

師乏衣食 : 사핍의식
스승의 옷과 음식이 없으면

卽必獻之 : 즉필헌지
곧 반드시 이것을 마련해 드려야 한다.

師	乏	衣	食
스승 사	떨어질 핍	옷 의	먹을(밥) 식
師	乏	衣	食

則	必	獻	之
곧 즉	반드시 필	드릴 헌	이(갈) 지
卽	必	獻	之

10회

師在病席 : 사재병석
스승께 병이 있게 되면

卽必藥之 : 즉필약지
곧 반드시 약을 구해드려야 한다.

師	在	病	席
스승 사	있을 재	병들 병	자리 석
師	在	病	席

卽	必	藥	之
곧 즉	반드시 필	약 약	갈 지
卽	必	藥	之

四字小學 확인문제 9~10회   스승 섬기기 [정답 141 페이지]

01 다음 ( ) 안에 알맞은 음(소리)을 보기 에서 찾아 써 보세요.

> 보기 ① 병   ② 사재병석   ③ 없으면   ④ 곧
> ⑤ 사핍의식   ⑥ 즉필약지   ⑦ 약   ⑧ 즉필헌지

1) 師乏衣食( ) : 스승의 옷과 음식이 ( )

2) 卽必獻之( ) : ( ) 반드시 이것을 마련해 드려야 한다.

3) 師在病席( ) : 스승께 ( )이 있게 되면

4) 卽必藥之( ) : 곧 반드시 ( )을 구해드려야 한다.

02 다음 보기 에 있는 한자를 찾아 ( ) 안에 써 보세요.

> 보기 ① 卽必獻之   ② 師乏衣食   ③ 卽必藥之   ④ 師在病席

1) 즉필헌지( )   2) 사재병석( )

3) 사핍의식( )   4) 즉필약지( )

03 다음 한자의 훈(뜻)과 음(소리)을 ( ) 안에 써 보세요.

> 예 父 ➡ (아버지 부)

1) 師( )   2) 卽( )   3) 在( )   4) 乏( )

5) 必( )   6) 衣( )   7) 病( )   8) 食( )

9) 獻( )   10) 藥( )   11) 席( )   12) 之( )

11회

汝等童子 : **여등동자**
아이들아,

或忘師德 : **혹망사덕**
스승의 덕을 잊어서는 안 된다.

너 여	무리 등	아이 동	아들 자
汝	等	童	子

혹 혹	잊을 망	스승 사	큰 덕
或	忘	師	德

12회

身有德行 : **신유덕행**
나에게 지성스러운 덕행이 있다면

人自稱傳 : **인자칭전**
남들이 자연히 칭찬을 하고 오래도록 전해지게 된다.

몸 신	있을 유	덕 덕	다닐 행
身	有	德	行

사람 인	스스로 자	일컬을 칭	전할 전
人	自	稱	傳

四字小學 확인문제 11-12회   스승 섬기기   [정답 141페이지]

01 다음 (   ) 안에 알맞은 음(소리)을 보기 에서 찾아 써 보세요.

> 보기 ① 여등동자   ② 인자칭전   ③ 덕행   ④ 아이
> ⑤ 신유덕행   ⑥ 혹망사덕   ⑦ 전해   ⑧ 덕

1. 汝等童子(   ) : (   )들아,
2. 或忘師德(   ) : 스승의 (   )을 잊어서는 안 된다.
3. 身有德行(   ) : 나에게 지성스러운 (   )이 있다면
4. 人自稱傳(   ) : 남들이 자연히 칭찬을 하고 오래도록 (   )지게 된다.

02 다음 보기 에 있는 한자를 찾아 (   ) 안에 써 보세요.

> 보기 ① 人自稱傳   ② 身有德行   ③ 汝等童子   ④ 或忘師德

1. 신유덕행(   )
2. 여등동자(   )
3. 인자칭전(   )
4. 혹망사덕(   )

03 다음 한자의 훈(뜻)과 음(소리)을 (   ) 안에 써 보세요.

> 예 父 ➡ (아버지 부)

1. 汝(   )
2. 身(   )
3. 或(   )
4. 等(   )
5. 有(   )
6. 童(   )
7. 人(   )
8. 忘(   )
9. 自(   )
10. 子(   )
11. 師(   )
12. 行(   )
13. 德(   )
14. 傳(   )
15. 稱(   )

13회

不義富貴 : **불의부귀**
의롭지 않은 방법으로 부귀를 누리는 것은

於我如雲 : **어아여운**
마치 뜬 구름과도 같은 것이다.

不	義	富	貴
아닐 불(부)	옳을 의	넉넉할 부	귀할 귀

於	我	如	雲
어조사 어	나 아	같을 여	구름 운

14회

借人典籍 : **차인전적**
남의 책을 빌려 보게 되면

皆須愛護 : **개수애호**
모름지기 사랑하고 보호해야 한다.

借	人	典	籍
빌릴 차	사람 인	책 전	문서 적

皆	須	愛	護
다 개	모름지기 수	사랑 애	도울 호

四字小學 확인문제 13-14회 스승 섬기기

[정답 141페이지]

01 다음 ( ) 안에 알맞은 음(소리)을 보기 에서 찾아 써 보세요.

> 보기 ① 부귀   ② 어아여운   ③ 차인전적   ④ 불의부귀
>   ⑤ 보호   ⑥ 구름   ⑦ 개수애호   ⑧ 빌려

1. 不義富貴(   ) : 의롭지 않은 방법으로 (   )를 누리는 것은
2. 於我如雲(   ) : 마치 뜬 (   )과도 같은 것이다.
3. 借人典籍(   ) : 남의 책을 (   ) 보게 되면
4. 皆須愛護(   ) : 모름지기 사랑하고 (   )해야 한다.

02 다음 보기 에 있는 한자를 찾아 ( ) 안에 써 보세요.

> 보기 ① 不義富貴   ② 借人典籍   ③ 皆須愛護   ④ 於我如雲

1. 차인전적(   )   2. 어아여운(   )
3. 불의부귀(   )   4. 개수애호(   )

03 다음 한자의 훈(뜻)과 음(소리)을 ( ) 안에 써 보세요.

> 예 父 ➡ (아버지 부)

1. 於(   )   2. 不(   )   3. 我(   )   4. 義(   )
5. 借(   )   6. 貴(   )   7. 皆(   )   8. 富(   )
9. 如(   )   10. 須(   ) 11. 人(   ) 12. 雲(   )
13. 典(   ) 14. 愛(   ) 15. 籍(   ) 16. 護(   )

15회

遠惡近善 : **원악근선**
❷ ❶ ❹ ❸ 악한 일을 멀리하고 착한 일을 가까이하며

知過必改 : **지과필개**
❷ ❶ ❸ ❹ 잘못을 알면 반드시 고쳐야 한다.

遠	惡	近	善
멀 원	나쁠 악	가까운 근	착할 선
遠	惡	近	善

知	過	必	改
알 지	허물 과	반드시 필	고칠 개
知	過	必	改

16회

敏而好學 : **민이호학**
❶ ❷ ❹ ❸ 성격은 민첩하며 학문을 좋아하고

不恥下問 : **불치하문**
❹ ❸ ❶ ❷ 아랫사람에게도 묻기를 부끄러워하지 말라.

敏	而	好	學
민첩할 민	말이을 이	좋을 호	배울 학
敏	而	好	學

不	恥	下	問
아닐 불(부)	부끄러울 치	아래 하	물을 문
不	恥	下	問

四字小學 확인문제

15-16회 스승 섬기기

[정답 141페이지]

01 다음 ( ) 안에 알맞은 음(소리)을 보기 에서 찾아 써 보세요.

> 보기
> ① 악한 ② 민이호학 ③ 묻기 ④ 원악근선
> ⑤ 지과필개 ⑥ 불치하문 ⑦ 잘못 ⑧ 학문

1) 遠惡近善( ) : ( ) 일을 멀리하고 착한 일을 가까이하며

2) 知過必改( ) : ( )을 알면 반드시 고쳐야 한다.

3) 敏而好學( ) : 성격은 민첩하며 ( )을 좋아하고

4) 不恥下問( ) : 아랫사람에게도 ( )를 부끄러워하지 말라.

02 다음 보기 에 있는 한자를 찾아 ( ) 안에 써 보세요.

> 보기
> ① 敏而好學 ② 不恥下問 ③ 知過必改 ④ 遠惡近善

1) 지과필개( )   2) 원악근선( )

3) 불치하문( )   4) 민이호학( )

03 다음 한자의 훈(뜻)과 음(소리)을 ( ) 안에 써 보세요.

> 예 父 ➡ (아버지 부)

1) 遠( )   2) 知( )   3) 敏( )   4) 惡( )

5) 過( )   6) 不( )   7) 近( )   8) 必( )

9) 恥( )   10) 善( )   11) 問( )   12) 改( )

13) 學( )   14) 而( )   15) 好( )

17회

人無修學 : **인무수학**
① ④ ③ ②   만약 사람에게 배움이 없다면

冥如夜行 : **명여야행**
① ④ ② ③   그것은 마치 어두운 밤에 다니는 것과 같다.

人	無	修	學
사람 인	없을 무	닦을 수	배울 학
人	無	修	學

冥	如	夜	行
어두울 명	같을 여	밤 야	다닐 행
冥	如	夜	行

18회

師父一體 : **사부일체**
① ② ③ ④   스승과 아버지는 그 은혜가 한 몸과 같이 다름이 없으니

各宜勉之 : **각의면지**
① ② ④ ③   각각 이 은혜를 갚기에 힘써야 할 것이다.

師	父	一	體
스승 사	아버지 부	한 일	몸 체
師	父	一	體

各	宜	勉	之
각각 각	마땅할 의	힘쓸 면	이(갈) 지
各	宜	勉	之

제 7 편 스승 섬기기

四字小學 확인문제 17-18회 — 스승 섬기기

01 다음 ( ) 안에 알맞은 음(소리)을 보기 에서 찾아 써 보세요.

> 보기
> ① 사부일체   ② 밤   ③ 배움   ④ 한 몸
> ⑤ 인무수학   ⑥ 힘써야   ⑦ 각의면지   ⑧ 명여야행

1. 人無修學(　　　) : 만약 사람에게 (　　　)이 없다면
2. 冥如夜行(　　　) : 그것은 마치 어두운 (　　　)에 다니는 것과 같다.
3. 師父一體(　　　) : 스승과 아버지는 그 은혜가 (　　　)과 같이 다름이 없으니
4. 各宜勉之(　　　) : 각각 이 은혜를 갚기에 (　　　) 할 것이다.

02 다음 보기 에 있는 한자를 찾아 ( ) 안에 써 보세요.

> 보기
> ① 冥如夜行   ② 人無修學   ③ 師父一體   ④ 各宜勉之

1. 사부일체(　　　)   2. 각의면지(　　　)
3. 명여야행(　　　)   4. 인무수학(　　　)

03 다음 한자의 훈(뜻)과 음(소리)을 ( ) 안에 써 보세요.

> 예 父 ➡ (아버지 부)

1. 夜(　　)   2. 人(　　)   3. 師(　　)   4. 無(　　)
5. 父(　　)   6. 修(　　)   7. 一(　　)   8. 學(　　)
9. 冥(　　)   10. 各(　　) 11. 如(　　) 12. 行(　　)
13. 宜(　　) 14. 勉(　　) 15. 體(　　) 16. 之(　　)

정답

제1편 부모님의 은혜

(1-2회)

01. ① 부생아신, 아버지 ② 모육오신, 어머니
    ③ 복이회아, 나 ④ 유이포아, 젖
02. ① 父生我身 ② 腹以懷我
    ③ 乳以哺我 ④ 母育吾身
03. ① 아버지 부 ② 어머니 모 ③ 나 아
    ④ 날 생 ⑤ 배 복 ⑥ 젖 유
    ⑦ 몸 신 ⑧ 먹일 포 ⑨ 써 이
    ⑩ 기를 육 ⑪ 품을 회 ⑫ 나 오

(3-4회)

01. ① 이의온아, 옷 ② 이식포아, 밥
    ③ 은고여천, 은혜 ④ 덕후사지, 덕
02. ① 以食飽我 ② 恩高如天
    ③ 德厚似地 ④ 以衣溫我
03. ① 같을 사 ② 큰 덕 ③ 먹을/밥 식
    ④ 나 아 ⑤ 두터울 후 ⑥ 배부를 포
    ⑦ 써 이 ⑧ 땅 지 ⑨ 높을 고
    ⑩ 하늘 천 ⑪ 은혜 은 ⑫ 같을 여
    ⑬ 옷 의 ⑭ 따뜻할 온

(5-6회)

01. ① 위인자자, 사람 ② 갈불위효, 효도
    ③ 부모호지, 부모 ④ 유이필추, 반드시
02. ① 父母呼之 ② 曷不爲孝
    ③ 爲人子者 ④ 唯而必趨
03. ① 할 위 ② 아버지 부 ③ 어찌 갈
    ④ 어머니 모 ⑤ 사람 인 ⑥ 아닐 불/부
    ⑦ 대답할 유 ⑧ 사람/놈 자 ⑨ 부를 호
    ⑩ 아들 자 ⑪ 이/갈 지 ⑫ 효도 효
    ⑬ 달릴 추 ⑭ 말 이을 이 ⑮ 반드시 필

(7-8회)

01. ① 부모책지, 부모 ② 물노물답, 성내지
    ③ 시좌부모, 앉아 ④ 물거물와, 눕지도
02. ① 侍坐父母 ② 父母責之
    ③ 勿怒勿答 ④ 勿踞勿臥
03. ① 말 물 ② 아버지 부 ③ 대답 답
    ④ 모실 시 ⑤ 꾸짖을 책 ⑥ 앉을 좌
    ⑦ 걸터앉을 거 ⑧ 이/갈 지 ⑨ 누울 와
    ⑩ 어머니 모 ⑪ 성낼 노

(9-10회)

01. ① 부모출입, 들어오실 ② 매필기립, 일어서서
    ③ 물립문중, 가운데 ④ 물좌방중, 앉아
02. ① 每必起立 ② 勿坐房中
    ③ 勿立門中 ④ 父母出入
03. ① 들 입 ② 일어날 기 ③ 매양 매
    ④ 어머니 모 ⑤ 말 물 ⑥ 아버지 부
    ⑦ 반드시 필 ⑧ 가운데 중 ⑨ 나갈 출
    ⑩ 설 립 ⑪ 앉을 좌 ⑫ 문 문
    ⑬ 방 방

(11-12회)

01. ① 수물대타, 침 ② 역물대언, 말
    ③ 수물잡희, 손 ④ 구물잡담, 잡담
02. ① 口勿雜談 ② 須勿大唾
    ③ 手勿雜戲 ④ 亦勿大言
03. ① 모름지기 수 ② 말씀 언 ③ 또 역
    ④ 말 물 ⑤ 손 수 ⑥ 희롱할 희
    ⑦ 큰 대 ⑧ 입 구 ⑨ 침 뱉을 타
    ⑩ 말씀 담 ⑪ 섞일 잡

(13-14회)

01. ① 헌물부모, 물건 ② 궤이진지, 올려야
    ③ 여아음식, 음식 ④ 단좌수지, 앉아
02. ① 獻物父母 ② 端坐受之
    ③ 與我飮食 ④ 跪而進之
03. ① 드릴 헌 ② 말 이을 이 ③ 아버지 부
    ④ 줄 여 ⑤ 꿇어앉을 궤 ⑥ 밥 식
    ⑦ 물건 물 ⑧ 올릴 진 ⑨ 어머니 모
    ⑩ 나 아 ⑪ 이/갈 지 ⑫ 바를 단
    ⑬ 받을 수 ⑭ 마실 음 ⑮ 앉을 좌

(15-16회)

01. ① 기유음식, 그릇 ② 불여물식, 주지
    ③ 거즉치경, 공경 ④ 유명필종, 명령
02. ① 器有飮食 ② 居則致敬
    ③ 有命必從 ④ 不與勿食
03. ① 줄 여 ② 그릇 기 ③ 있을/살 거
    ④ 아닐 불/부 ⑤ 곧 즉, 법 칙 ⑥ 있을 유
    ⑦ 공경할 경 ⑧ 마실 음 ⑨ 명령 명
    ⑩ 먹을/밥 식 ⑪ 반드시 필 ⑫ 말 물
    ⑬ 이룰 치 ⑭ 좇을 종

정답

제2편 부모님 섬기기 ①

(1–2회)
01. ① 자등고수, 나무 ② 부모우지, 근심
    ③ 부모유병, 병환 ④ 우이모로, 꾀
02. ① 子登高樹 ② 憂而謀療
    ③ 父母有病 ④ 父母憂之
03. ① 子   ② 憂   ③ 父
    ④ 登   ⑤ 母   ⑥ 有
    ⑦ 高   ⑧ 而   ⑨ 謀
    ⑩ 樹   ⑪ 療   ⑫ 之
    ⑬ 病

(3–4회)
01. ① 발부조골, 손톱 ② 불감훼상, 상하게
    ③ 의복대혜, 허리띠 ④ 부실불열, 잃어
02. ① 不敢毀傷 ② 衣服帶鞋
    ③ 髮膚爪骨 ④ 不失不裂
03. ① 膚   ② 敢   ③ 骨
    ④ 髮   ⑤ 傷   ⑥ 服
    ⑦ 爪   ⑧ 帶   ⑨ 不
    ⑩ 裂   ⑪ 毀   ⑫ 鞋
    ⑬ 衣   ⑭ 失

(5–6회)
01. ① 의복수악, 나쁘다 ② 여지필착, 입어야
    ③ 무여인투, 싸우지 ④ 부모우지, 걱정
02. ① 與之必着 ② 父母憂之
    ③ 毋與人鬪 ④ 衣服雖惡
03. ① 衣   ② 必   ③ 雖
    ④ 與   ⑤ 母   ⑥ 服
    ⑦ 人   ⑧ 惡   ⑨ 之
    ⑩ 憂   ⑪ 着   ⑫ 毋
    ⑬ 鬪   ⑭ 父

(7–8회)
01. ① 부모와명, 누운 ② 부이청지, 들어야
    ③ 좌명단청, 바르게 ④ 입명입청, 명령
02. ① 父母臥命 ② 坐命端聽
    ③ 立命立聽 ④ 俯而聽之
03. ① 臥   ② 聽   ③ 父
    ④ 俯   ⑤ 坐   ⑥ 立
    ⑦ 端   ⑧ 命   ⑨ 而
    ⑩ 母   ⑪ 之

(9–10회)
01. ① 평생일기, 속인다 ② 기죄여산, 죄
    ③ 약고서유, 논다고 ④ 불부동왕, 동쪽
02. ① 平生一欺 ② 不復東往
    ③ 其罪如山 ④ 若告西遊
03. ① 其   ② 一   ③ 平
    ④ 山   ⑤ 罪   ⑥ 遊
    ⑦ 若   ⑧ 欺   ⑨ 如
    ⑩ 生   ⑪ 復   ⑫ 告
    ⑬ 東   ⑭ 西   ⑮ 不
    ⑯ 往

(11–13회)
01. ① 아신능악, 자신 ② 욕급부모, 욕됨
    ③ 아신능선, 착한 ④ 예급부모, 명예
    ⑤ 부모무의, 없으면 ⑥ 무사아의, 생각
02. ① 辱及父母 ② 毋思我衣
    ③ 譽及父母 ④ 我身能惡
    ⑤ 我身能善 ⑥ 父母無衣
03. ① 惡   ② 譽   ③ 我
    ④ 母   ⑤ 毋   ⑥ 及
    ⑦ 無   ⑧ 能   ⑨ 身
    ⑩ 思   ⑪ 辱   ⑫ 善
    ⑬ 父   ⑭ 衣

제3편 부모님 섬기기 ②

(1-2회)

01. ① 부모무식, 음식   ② 무사아식, 생각
    ③ 친영물리, 그림자 ④ 양치기락, 봉양
02. ① 母思我食   ② 父母無食
    ③ 養致其樂   ④ 親影勿履
03. ① 먹을/밥 식 ② 어버이 친 ③ 아버지 부
    ④ 나 아   ⑤ 그 기   ⑥ 없을 무
    ⑦ 봉양할/기를 양   ⑧ 말 무
    ⑨ 어머니 모 ⑩ 밟을 리 ⑪ 생각 사
    ⑫ 말 물   ⑬ 즐거울 락/요 ⑭ 그림자 영
    ⑮ 이룰 치

(3-4회)

01. ① 약득미과, 얻게   ② 귀헌부모, 드리도록
    ③ 실당유진, 티끌   ④ 상이추소, 쓸어서
02. ① 常以帚掃   ② 若得美果
    ③ 歸獻父母   ④ 室堂有塵
03. ① 아름다울 미 ② 집 실 ③ 만일 약
    ④ 돌아올 귀 ⑤ 집 당 ⑥ 드릴 헌
    ⑦ 항상 상   ⑧ 과실 과 ⑨ 써 이
    ⑩ 얻을 득   ⑪ 아버지 부 ⑫ 있을 유
    ⑬ 어미 모   ⑭ 티끌 진 ⑮ 비 추
    ⑯ 쓸 소

(5-6회)

01. ① 서물건의, 덥더라도 ② 역물휘선, 부채
    ③ 친리물리, 신   ④ 친석물좌, 자리
02. ① 暑勿褰衣   ② 亦勿揮扇
    ③ 親席勿坐   ④ 親履勿履
03. ① 옷 의   ② 휘두를 휘 ③ 말 물
    ④ 신/밟을 리 ⑤ 더울 서 ⑥ 자리 석
    ⑦ 부채 선   ⑧ 옷 걷을 건 ⑨ 앉을 좌
    ⑩ 어버이 친 ⑪ 또 역

(7-8회)

01. ① 수물방소, 웃지도 ② 역물상행, 또
    ③ 출입문호, 드나들 ④ 개폐필공, 공손히
02. ① 須勿放笑   ② 出入門戶
    ③ 開閉必恭   ④ 亦勿翔行
03. ① 또 역   ② 날 출   ③ 모름지기 수
    ④ 날 상   ⑤ 열 개   ⑥ 들 입
    ⑦ 말 물   ⑧ 다닐 행   ⑨ 클 방
    ⑩ 닫을 폐 ⑪ 웃음 소   ⑫ 문 문
    ⑬ 공손할 공 ⑭ 집/지게 호 ⑮ 반드시 필

(9-10회)

01. ① 음식친전, 앞   ② 물출기성, 그릇
    ③ 과량이송, 보내   ④ 물라독서, 공부
02. ① 飮食親前   ② 勿懶讀書
    ③ 稞糧以送   ④ 勿出器聲
03. ① 말 물   ② 마실 음   ③ 보리 과
    ④ 앞 전   ⑤ 그릇 기   ⑥ 보낼 송
    ⑦ 먹을/밥 식 ⑧ 양식 량 ⑨ 어버이 친
    ⑩ 소리 성 ⑪ 게으를 라 ⑫ 날 출
    ⑬ 읽을 독 ⑭ 써 이   ⑮ 글 서

(11-12회)

01. ① 사친여차, 어버이 ② 가위인자, 자식
    ③ 불능여차, 능히   ④ 금수무이, 금수
02. ① 事親如此   ② 不能如此
    ③ 禽獸無異   ④ 可謂人子
03. ① 섬길/일 사 ② 사람 인 ③ 옳을 가
    ④ 같을 여   ⑤ 아들 자 ⑥ 아닐 불/부
    ⑦ 어버이 친 ⑧ 새 금   ⑨ 이 차
    ⑩ 없을 무   ⑪ 이를 위 ⑫ 능할 능
    ⑬ 다를 이   ⑭ 짐승 수

정답

제4편 형제의 우애 ①

(1~2회)
01. ① 형생아전, 형님　② 제생아후, 동생
　　③ 골육수분, 비록　④ 본생일기, 본래
02. ① 骨肉雖分　② 弟生我後
　　③ 兄生我前　④ 本生一氣
03. ① 骨　② 兄　③ 雖　④ 前
　　⑤ 後　⑥ 本　⑦ 生　⑧ 肉
　　⑨ 我　⑩ 氣　⑪ 弟　⑫ 分
　　⑬ 一

(3~4회)
01. ① 형체수각, 몸체　② 소수일혈, 받은
　　③ 비지어목, 나무　④ 동근이지, 가지
02. ① 同根異枝　② 形體雖各
　　③ 素受一血　④ 比之於木
03. ① 形　② 一　③ 素　④ 雖
　　⑤ 比　⑥ 於　⑦ 體　⑧ 同
　　⑨ 各　⑩ 根　⑪ 受　⑫ 血
　　⑬ 異　⑭ 之　⑮ 木　⑯ 枝

(5~6회)
01. ① 비지어수, 물　② 동원이류, 근원
　　③ 위형위제, 아우　④ 하수불화, 화합
02. ① 比之於水　② 何須不和
　　③ 爲兄爲弟　④ 同源異流
03. ① 水　② 爲　③ 源　④ 之
　　⑤ 須　⑥ 比　⑦ 兄　⑧ 異
　　⑨ 同　⑩ 弟　⑪ 於　⑫ 流
　　⑬ 和　⑭ 何　⑮ 不

(7~8회)
01. ① 사형필공, 공손히　② 애제여우, 사랑
　　③ 형수책아, 꾸짖을　④ 불감노원, 원망
02. ① 兄雖責我　② 愛弟如友
　　③ 不敢怒怨　④ 事兄必恭
03. ① 必　② 雖　③ 事　④ 弟
　　⑤ 愛　⑥ 責　⑦ 如　⑧ 怒
　　⑨ 友　⑩ 兄　⑪ 我　⑫ 恭
　　⑬ 不　⑭ 怨　⑮ 敢

(9~10회)
01. ① 일입지식, 밥　② 필분이식, 나누어
　　③ 일배지수, 잔　④ 필분이음, 마셔야
02. ① 必分而飮　② 一粒之食
　　③ 必分而食　④ 一杯之水
03. ① 必　② 杯　③ 一　④ 飮
　　⑤ 食　⑥ 粒　⑦ 水　⑧ 分
　　⑨ 之　⑩ 而

(11~12회)
01. ① 형무의복, 의복　② 제필헌지, 반드시
　　③ 제무의복, 없으면　④ 형필여지, 주어야
02. ① 弟必獻之　② 兄必與之
　　③ 兄無衣服　④ 弟無衣服
03. ① 弟　② 兄　③ 與　④ 必
　　⑤ 獻　⑥ 之　⑦ 無　⑧ 服
　　⑨ 衣

(13~14회)
01. ① 사기음식, 음식　② 금수지류, 종류
　　③ 사기의복, 옷　④ 이호지도, 무리
02. ① 私其飮食　② 私其衣服
　　③ 夷胡之徒　④ 禽獸之類
03. ① 私　② 之　③ 禽　④ 食
　　⑤ 衣　⑥ 其　⑦ 胡　⑧ 飮
　　⑨ 獸　⑩ 徒　⑪ 服　⑫ 類
　　⑬ 夷

(15~16회)
01. ① 아타아제, 때린다　② 유타부모, 부모
　　③ 아기형제, 속이는　④ 여기부모, 같은
02. ① 我欺兄弟　② 我打我弟
　　③ 如欺父母　④ 猶打父母
03. ① 打　② 我　③ 母　④ 弟
　　⑤ 猶　⑥ 如　⑦ 兄　⑧ 欺
　　⑨ 父

제5편 형제의 우애 ②

(1–2회)
01. ① 아급형제, 형제 ② 동수친혈, 피
    ③ 형유과실, 잘못 ④ 화기이간, 충고
02. ① 同受親血 ② 兄有過失
    ③ 和氣以諫 ④ 我及兄弟
03. ① 맏(형) 형 ② 한가지 동 ③ 나 아
    ④ 있을 유 ⑤ 및/미칠 급 ⑥ 받을 수
    ⑦ 기운 기 ⑧ 아우 제 ⑨ 어버이 친
    ⑩ 간할 간 ⑪ 허물 과 ⑫ 피 혈
    ⑬ 써 이 ⑭ 잃을 실 ⑮ 화할 화

(3–4회)
01. ① 제유과실, 아우 ② 이성이훈, 훈계
    ③ 형제유병, 병 ④ 민이사구, 구해
02. ① 兄弟有病 ② 怡聲以訓
    ③ 弟有過失 ④ 憫而思救
03. ① 아우 제 ② 맏(형) 형 ③ 기쁠 이
    ④ 있을 유 ⑤ 민망할 민 ⑥ 소리 성
    ⑦ 허물 과 ⑧ 써 이 ⑨ 말 이을 이
    ⑩ 잃을 실 ⑪ 생각 사 ⑫ 가르칠 훈
    ⑬ 병들 병 ⑭ 구원할 구

(5–6회)
01. ① 형제유선, 착한 ② 필예우외, 밖
    ③ 형제유악, 좋지 못한 ④ 은이물현, 감추고
02. ① 隱而勿現 ② 兄弟有善
    ③ 必譽于外 ④ 兄弟有惡
03. ① 명예 예 ② 있을 유 ③ 바깥 외
    ④ 아우 제 ⑤ 맏(형) 형 ⑥ 악할 악
    ⑦ 반드시 필 ⑧ 숨길 은 ⑨ 어조사 우
    ⑩ 나타날 현 ⑪ 착할 선 ⑫ 말 물
    ⑬ 말 이을 이

(7–8회)
01. ① 아신능효, 효도 ② 형제역효, 본받게
    ③ 아신불효, 불효 ④ 형제역칙, 형제
02. ① 我身能孝 ② 我身不孝
    ③ 兄弟亦則 ④ 兄弟亦效
03. ① 맏(형) 형 ② 나 아 ③ 아닐 불/부
    ④ 아우 제 ⑤ 본받을 칙, 곧 즉
    ⑥ 또 역 ⑦ 몸 신 ⑧ 본받을 효
    ⑨ 능할 능 ⑩ 효도 효

(9–10회)
01. ① 아출만래, 늦게 ② 의문사지, 대문
    ③ 제출불환, 돌아오지 ④ 등고망지, 바래야
02. ① 我出晚來 ② 登高望之
    ③ 弟出不還 ④ 倚門俟之
03. ① 기댈 의 ② 아우 제 ③ 나 아
    ④ 문 문 ⑤ 기다릴 사 ⑥ 날 출
    ⑦ 오를 등 ⑧ 늦을 만 ⑨ 높을 고
    ⑩ 올 래 ⑪ 아닐 불/부 ⑫ 이/갈 지
    ⑬ 바랄 망 ⑭ 돌아올 환

(11–12회)
01. ① 형범여차, 본보기 ② 제역사지, 같은
    ③ 수유타친, 비록 ④ 기유여차, 어찌
02. ① 弟亦似之 ② 兄範如此
    ③ 豈有如此 ④ 雖有他親
03. ① 이/갈 지 ② 맏(형) 형 ③ 아우 제
    ④ 같을 여 ⑤ 비록 수 ⑥ 다를 타
    ⑦ 법 범 ⑧ 또 역 ⑨ 이 차
    ⑩ 어찌 기 ⑪ 같을 사 ⑫ 있을 유
    ⑬ 친할 친

(13–14회)
01. ① 아유우환, 근심 ② 형제역우, 형제
    ③ 아유환락, 기쁘고 ④ 형제역락, 즐거워
02. ① 兄弟亦樂 ② 兄弟亦憂
    ③ 我有歡樂 ④ 我有憂患
03. ① 나 아 ② 맏(형) 형 ③ 기쁠 환
    ④ 있을 유 ⑤ 즐거울 락 ⑥ 근심 우
    ⑦ 아우 제 ⑧ 근심 환 ⑨ 또 역

(15–16회)
01. ① 수유양붕, 벗 ② 불급여차, 같을
    ③ 경아형후, 공경 ④ 경인지형, 형
02. ① 敬我兄後 ② 不及如此
    ③ 敬人之兄 ④ 雖有良朋
03. ① 아닐 불/부 ② 비록 수 ③ 공경 경
    ④ 있을 유 ⑤ 미칠 급 ⑥ 나 아
    ⑦ 어질 량 ⑧ 같을 여 ⑨ 남/사람 인
    ⑩ 벗 붕 ⑪ 갈 지 ⑫ 이 차
    ⑬ 맏(형) 형 ⑭ 뒤 후

(17–19회)
01. ① 애아제후, 사랑 ② 애인지제, 아우
    ③ 아사인친, 부모 ④ 인사아친, 섬기게
    ⑤ 아경인형, 내가 ⑥ 인경아형, 공경
02. ① 人事我親 ② 愛人之弟
    ③ 愛我弟後 ④ 人敬我兄
    ⑤ 我敬人兄 ⑥ 我事人親
03. ① 사랑 애 ② 섬길 사 ③ 남/사람 인
    ④ 나 아 ⑤ 공경 경 ⑥ 갈 지
    ⑦ 아우 제 ⑧ 맏/형 형 ⑨ 어버이 친
    ⑩ 뒤 후

제6편 친구 사귀기

(1~2회)
01. ① 인지처세, 세상 ② 불가무우, 벗
    ③ 택이교지, 가리어 ④ 유소보익, 이익
02. ① 人之處世 ② 有所補益
    ③ 擇而交之 ④ 不可無友
03. ① 擇 ② 人 ③ 而 ④ 不
    ⑤ 所 ⑥ 之 ⑦ 可 ⑧ 處
    ⑨ 無 ⑩ 世 ⑪ 交 ⑫ 友
    ⑬ 補 ⑭ 有 ⑮ 益

(3~4회)
01. ① 불택이교, 사귀게 ② 반유해지, 해로움
    ③ 유기정인, 올바른 ④ 아역자정, 자연히
02. ① 反有害之 ② 不擇而交
    ③ 我亦自正 ④ 有其正人
03. ① 反 ② 不 ③ 有 ④ 擇
    ⑤ 害 ⑥ 而 ⑦ 我 ⑧ 亦
    ⑨ 交 ⑩ 其 ⑪ 之 ⑫ 正
    ⑬ 自 ⑭ 人

(5~6회)
01. ① 종유사인, 간사한 ② 아역자사, 나
    ③ 근묵자흑, 먹 ④ 근주자적, 붉은
02. ① 從遊邪人 ② 近墨者黑
    ③ 近朱者赤 ④ 我亦自邪
03. ① 從 ② 近 ③ 我 ④ 遊
    ⑤ 墨 ⑥ 亦 ⑦ 邪 ⑧ 朱
    ⑨ 赤 ⑩ 人 ⑪ 黑 ⑫ 自
    ⑬ 者

(7~8회)
01. ① 봉생마중, 삼 ② 불부자정, 바르게
    ③ 백사재니, 모래 ④ 불염자루, 물들이지
02. ① 白沙在泥 ② 不扶自正
    ③ 不染自陋 ④ 蓬生麻中
03. ① 不 ② 白 ③ 蓬 ④ 扶
    ⑤ 在 ⑥ 生 ⑦ 自 ⑧ 麻
    ⑨ 正 ⑩ 染 ⑪ 中 ⑫ 陋
    ⑬ 泥 ⑭ 沙

(9~10회)
01. ① 면찬아신, 칭찬 ② 첨유지인, 아첨
    ③ 면책아신, 꾸짖는 ④ 강직지인, 강직한
02. ① 諂諛之人 ② 面責我身
    ③ 剛直之人 ④ 面贊我身
03. ① 諛 ② 面 ③ 責 ④ 贊
    ⑤ 剛 ⑥ 我 ⑦ 諂 ⑧ 直
    ⑨ 之 ⑩ 人 ⑪ 身

(11~12회)
01. ① 열인찬기, 자기 ② 백사개위, 거짓
    ③ 염인책자, 싫어 ④ 기행무진, 행실
02. ① 百事皆僞 ② 厭人責者
    ③ 其行無進 ④ 悅人贊己
03. ① 百 ② 厭 ③ 悅 ④ 事
    ⑤ 人 ⑥ 皆 ⑦ 贊 ⑧ 責
    ⑨ 其 ⑩ 己 ⑪ 行 ⑫ 僞
    ⑬ 者 ⑭ 無 ⑮ 進

(13~14회)
01. ① 인무책우, 권하는 ② 이함불의, 불의
    ③ 백족지충, 벌레 ④ 지사불강, 죽음
02. ① 至死不僵 ② 人無責友
    ③ 易陷不義 ④ 百足之蟲
03. ① 人 ② 百 ③ 易 ④ 無
    ⑤ 陷 ⑥ 責 ⑦ 足 ⑧ 友
    ⑨ 至 ⑩ 僵 ⑪ 不 ⑫ 義
    ⑬ 死 ⑭ 之 ⑮ 蟲

(15~16회)
01. ① 다우지인, 많은 ② 당사무오, 잘못
    ③ 초불택우, 처음 ④ 후고절지, 괴로워
02. ① 當事無誤 ② 多友之人
    ③ 後苦絶之 ④ 初不擇友
03. ① 多 ② 初 ③ 友 ④ 當
    ⑤ 不 ⑥ 事 ⑦ 之 ⑧ 擇
    ⑨ 人 ⑩ 後 ⑪ 無 ⑫ 苦
    ⑬ 誤 ⑭ 絶

(17~18회)
01. ① 피필대노, 성내면 ② 반유아해, 해로움
    ③ 우이불신, 믿지 ④ 비직지인, 사람
02. ① 彼必大怒 ② 反有我害
    ③ 非直之人 ④ 友而不信
03. ① 彼 ② 非 ③ 友 ④ 必
    ⑤ 而 ⑥ 直 ⑦ 不 ⑧ 大
    ⑨ 反 ⑩ 怒 ⑪ 信 ⑫ 有
    ⑬ 我 ⑭ 之 ⑮ 害

제7편 스승 섬기기

(1–2회)
01. ① 사사여친, 스승 ② 필경필공, 공손히
    ③ 비교부지, 알지 ④ 비지하행, 행할
02. ① 事師如親 ② 非敎不知
    ③ 必敬必恭 ④ 非知何行
03. ① 반드시 필 ② 섬길 사 ③ 공경 경
    ④ 스승 사 ⑤ 아닐 비 ⑥ 같을 여
    ⑦ 어찌 하 ⑧ 가르칠 교 ⑨ 행할 행
    ⑩ 어버이 친 ⑪ 아닐 불/부 ⑫ 공손 공
    ⑬ 알 지

(3–4회)
01. ① 능효능제, 공손 ② 막비사은, 은혜
    ③ 능지능신, 능히 ④ 막비사공, 공
02. ① 莫非師功 ② 莫非師恩
    ③ 能知能信 ④ 能孝能悌
03. ① 없을 막 ② 알 지 ③ 능할 능
    ④ 아닐 비 ⑤ 믿을 신 ⑥ 효도 효
    ⑦ 스승 사 ⑧ 공손할 제 ⑨ 공 공
    ⑩ 은혜 은

(5–6회)
01. ① 비여자행, 행함 ② 유사도지, 오직
    ③ 기은기공, 은혜 ④ 역여천지, 천지
02. ① 其恩其功 ② 非汝自行
    ③ 亦如天地 ④ 惟師導之
03. ① 아닐 비 ② 그 기 ③ 오직 유
    ④ 너 여 ⑤ 스승 사 ⑥ 은혜 은
    ⑦ 스스로 자 ⑧ 공 공 ⑨ 또 역
    ⑩ 행할 행 ⑪ 같을 여 ⑫ 인도할 도
    ⑬ 하늘 천 ⑭ 갈 지 ⑮ 땅 지

(7–8회)
01. ① 욕효부모, 효도 ② 하불경사, 스승
    ③ 보사이력, 주신 ④ 인지도야, 도리
02. ① 報賜以力 ② 欲孝父母
    ③ 人之道也 ④ 何不敬師
03. ① 어찌 하 ② 하고자 할 욕 ③ 갚을 보
    ④ 효도 효 ⑤ 아닐 불/부 ⑥ 줄 사
    ⑦ 아버지 부 ⑧ 어머니 모 ⑨ 공경 경
    ⑩ 사람 인 ⑪ 스승 사 ⑫ 이/갈 지
    ⑬ 써 이 ⑭ 길 도 ⑮ 힘 력
    ⑯ 어조사 야

(9–10회)
01. ① 사핍의식, 없으면 ② 즉필헌지, 곧
    ③ 사재병석, 병 ④ 즉필약지, 약
02. ① 卽必獻之 ② 師在病席
    ③ 師乏衣食 ④ 卽必藥之
03. ① 스승 사 ② 곧 즉 ③ 있을 재
    ④ 떨어질 핍 ⑤ 반드시 필 ⑥ 옷 의
    ⑦ 병들 병 ⑧ 먹을/밥 식 ⑨ 드릴 헌
    ⑩ 약 약 ⑪ 자리 석 ⑫ 갈 지

(11–12회)
01. ① 여등동자, 아이 ② 혹망사덕, 덕
    ③ 신유덕행, 덕행 ④ 인자칭전, 전해
02. ① 身有德行 ② 汝等童子
    ③ 人自稱傳 ④ 或忘師德
03. ① 너 여 ② 몸 신 ③ 혹 혹
    ④ 무리 등 ⑤ 있을 유 ⑥ 아이 동
    ⑦ 사람 인 ⑧ 잊을 망 ⑨ 스스로 자
    ⑩ 아들 자 ⑪ 스승 사 ⑫ 다닐 행
    ⑬ 큰 덕 ⑭ 전할 전 ⑮ 일컬을 칭

(13–14회)
01. ① 불의부귀, 부귀 ② 어아여운, 구름
    ③ 차인전적, 빌려 ④ 개수애호, 보호
02. ① 借人典籍 ② 於我如雲
    ③ 不義富貴 ④ 皆須愛護
03. ① 어조사 어 ② 아닐 불/부 ③ 나 아
    ④ 옳을 의 ⑤ 빌릴 차 ⑥ 귀할 귀
    ⑦ 다 개 ⑧ 넉넉할 부 ⑨ 같을 여
    ⑩ 모름지기 수 ⑪ 사람 인 ⑫ 구름 운
    ⑬ 책 전 ⑭ 사랑 애 ⑮ 문서 적
    ⑯ 도울 호

(15–16회)
01. ① 원악근선, 악한 ② 지과필개, 잘못
    ③ 민이호학, 학문 ④ 불치하문, 묻기
02. ① 知過必改 ② 遠惡近善
    ③ 不恥下問 ④ 敏而好學
03. ① 멀 원 ② 알 지 ③ 민첩할 민
    ④ 나쁠 악 ⑤ 허물 과 ⑥ 아닐 불/부
    ⑦ 가까울 근 ⑧ 반드시 필 ⑨ 부끄러울 치
    ⑩ 착할 선 ⑪ 물을 문 ⑫ 고칠 개
    ⑬ 배울 학 ⑭ 말 이을 이 ⑮ 좋을 호

(17–18회)
01. ① 인무수학, 배움 ② 명여야행, 밤
    ③ 사부일체, 한 몸 ④ 각의면지, 힘써야
02. ① 師父一體 ② 各宜勉之
    ③ 冥如夜行 ④ 人無修學
03. ① 밤 야 ② 사람 인 ③ 스승 사
    ④ 없을 무 ⑤ 아버지 부 ⑥ 닦을 수
    ⑦ 한 일 ⑧ 배울 학 ⑨ 어두울 명
    ⑩ 각각 각 ⑪ 같을 여 ⑫ 다닐 행
    ⑬ 마땅할 의 ⑭ 힘쓸 면 ⑮ 몸 체
    ⑯ 이/갈 지

人性 · 禮節
인성 · 예절

1. 애국가 및 삼강오륜 · · · · · · · 143
2. 주자십회 · · · · · · · · · · · 144
3. 계보도 · · · · · · · · · · · · 145
4. 나의 뿌리 · · · · · · · · · · · 146
5. 지방 쓰기 사례 · · · · · · · · 147
6. 제수의 진설 방법 및 제사상 차림도 · · · · 148
7. 제사의 순서 · · · · · · · · · · 149
8. 사계절 및 24절후 · · · · · · · · 150
9. 십간 및 십이지 · · · · · · · · · 152
10. 사주팔자 · · · · · · · · · · · 153
11. 육십갑자 · · · · · · · · · · · 154
12. 예절의 상식 · · · · · · · · · · 155
13. 나이를 나타내는 호칭 · · · · · · · 156
14. 조선시대 품계표 · · · · · · · · 157
15. 선비의 하루 · · · · · · · · · · 158

愛國歌(애국가) 및 三綱五倫(삼강오륜)

愛國歌(애국가)

1. 동해(東海) 물과 백두산(白頭山)이 마르고 닳도록
　하느님이 보우(保佑)하사 우리나라 만세(萬歲)
　後斂(후렴)
　무궁화(無窮花) 삼천리(三千里) 화려강산(華麗江山)
　대한(大韓)사람 대한(大韓)으로 길이 보전(保全)하세

2. 남산(南山) 위에 저 소나무 철갑(鐵甲)을 두른 듯
　바람서리 불변(不變)함은 우리 기상(氣像)일세
　1번과 후렴 동일

3. 가을 하늘 공활(空豁)한데 높고 구름 없이
　밝은 달은 우리 가슴 일편단심(一片丹心)일세
　1번과 후렴 동일

4. 이 기상(氣像)과 이 맘으로 충성(忠誠)을 다하여
　괴로우나 즐거우나 나라 사랑하세
　1번과 후렴 동일

三綱五倫(삼강오륜)

三綱(삼강) : 도덕에서 기본이 되는 세 가지 큰 줄거리
- 君爲臣綱(군위신강) : **임금과 신하** 사이에는 법도가 있어야 하고,
- 父爲子綱(부위자강) : **아버지와 아들** 사이에는 법도가 있어야 하며,
- 夫爲婦綱(부위부강) : **남편과 아내** 사이에는 법도가 있어야 한다.

五倫(오륜) : 사람이 꼭 지켜야 할 다섯 가지 도리
- 父子有親(부자유친) : 아버지와 아들 사이에는 **친함이** 있어야 하고,
- 君臣有義(군신유의) : 임금과 신하 사이에는 **의리가** 있어야 하고,
- 夫婦有別(부부유별) : 남편과 아내 사이에는 **다름이** 있어야 하고,
- 長幼有序(장유유서) : 어른과 아이는 **차례가** 있어야 하며,
- 朋友有信(붕우유신) : 친구와 친구 사이에는 **믿음이** 있어야 한다.

朱子十悔(주자십회)

송(宋)나라의 주희(朱熹) 선생이 때를 놓치면 후회하는 인간의 마음을 열 가지를 뽑아 제시한 글

1. **不孝父母 死後悔**(불효부모 사후회)
   부모에게 효도하지 않으면, 죽은 뒤에 후회한다.

2. **不親家族 疏後悔**(불친가족 소후회)
   가족에게 친절하지 않으면, 멀어진 뒤에 후회한다.

3. **少不勤學 老後悔**(소불근학 노후회)
   젊어서 부지런히 배우지 않으면, 늙어서 후회한다.

4. **安不思難 敗後悔**(안불사난 패후회)
   편안할 때 어려움을 생각하지 않으면, 실패한 뒤에 후회한다.

5. **富不儉用 貧後悔**(부불검용 빈후회)
   부자일 때 아껴 쓰지 않으면, 가난한 뒤에 후회한다.

6. **春不耕種 秋後悔**(춘불경종 추후회)
   봄에 씨를 뿌리지 않으면, 가을에 후회한다.

7. **不治垣墻 盜後悔**(불치원장 도후회)
   담장을 미리 고치지 않으면, 도둑 맞은 뒤에 후회한다.

8. **色不謹愼 病後悔**(색불근신 병후회)
   색을 삼가지 않으면, 병든 뒤에 후회한다.

9. **醉中妄言 醒後悔**(취중망언 성후회)
   술에 취해 망령된 말은, 술 깬 뒤에 후회한다.

10. **不接賓客 去後悔**(부접빈객 거후회)
    손님을 대접하지 않으면, 돌아간 뒤에 후회한다.

*참 고
不(아닐 불) 孝(효도 효) 死(죽을 사) 後(뒤 후) 悔(후회/뉘우칠 회) 親(친할 친) 族(친족/겨레 족) 疏(멀어질 소) 少(젊을 소) 勤(부지런할 근) 老(늙을 로) 難(어려울 난) 敗(패할 패) 儉(검소할 검) 貧(가난할 빈) 耕(밭갈 경) 種(씨 종) 治(고칠/다스릴 치) 垣(담 원) 墻(담 장) 色(여색/빛 색) 病(병 병) 醉(취할 취) 妄(망령될 망) 醒(깰 성) 接(대접할 접) 賓(손 빈) 去(갈 거)

系譜圖(계보도)

```
                    五代祖
                    (오대조)        五代

                    高祖父
                    (고조부)
                    高祖母         四代
                    (고조모)

                    曾祖父
                    (증조부)
                    曾祖母         三代
                    (증조모)

                    祖父(조부)
                    祖母(조모)     二代
```

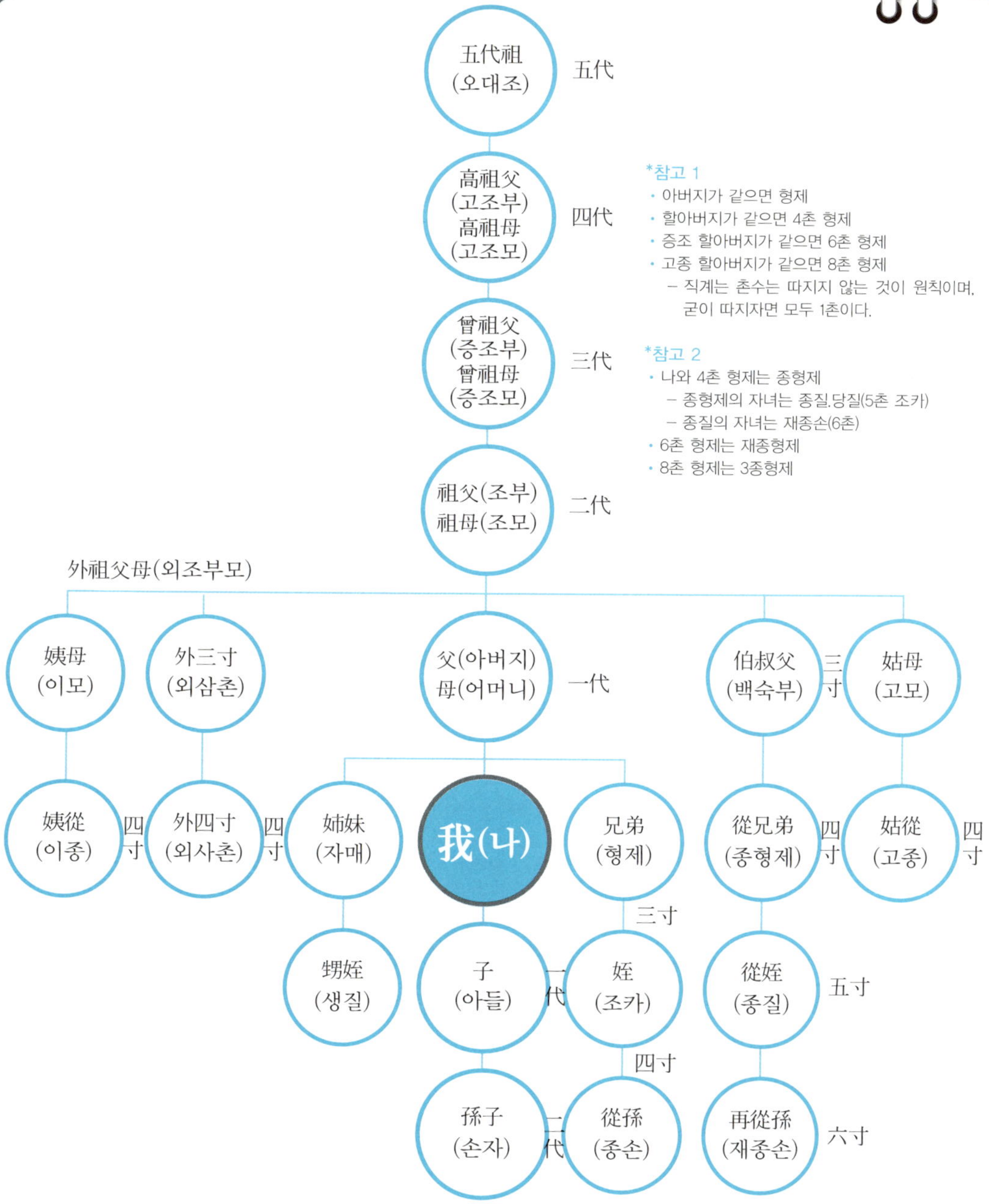

*참고 1
- 아버지가 같으면 형제
- 할아버지가 같으면 4촌 형제
- 증조 할아버지가 같으면 6촌 형제
- 고종 할아버지가 같으면 8촌 형제
  - 직계는 촌수는 따지지 않는 것이 원칙이며, 굳이 따지자면 모두 1촌이다.

*참고 2
- 나와 4촌 형제는 종형제
  - 종형제의 자녀는 종질·당질(5촌 조카)
  - 종질의 자녀는 재종손(6촌)
- 6촌 형제는 재종형제
- 8촌 형제는 3종형제

外祖父母(외조부모)

| 姨母 | 外三寸 | | 父(아버지) | | 伯叔父 | 姑母 |
| (이모) | (외삼촌) | | 母(어머니) 一代 | | (백숙부) | (고모) |

| 姨從 四 外四寸 四 姉妹 | 我(나) | 兄弟 從兄弟 四 姑從 四 |
| (이종) 寸 (외사촌) 寸 (자매) | | (형제) (종형제) 寸 (고종) 寸 |

三寸

| 甥姪 | 子 | 姪 | 從姪 | 五寸 |
| (생질) | (아들) 一代 | (조카) | (종질) | |

四寸

| 孫子 二 從孫 再從孫 六寸 |
| (손자) 代 (종손) (재종손) |

- 學校(학교)   : 漢字   한글
- 學校住所(학교주소) : 漢字   한글
- 住所(주소)   : 漢字   한글

인성예절 4 · 나의 뿌리

始祖(시조): 漢字 ___ 한글 ___   本貫(본관): 漢字 ___ 한글 ___
派(파): 漢字 ___ 한글 ___   代(대): ___

우리 家門(가문)을 빛낸 조상님을 써 보세요.: ___

용어설명
- 始祖(시조): 家系(가계)의 맨 처음이 되는 祖上(조상)
- 本貫(본관): 始祖(시조)가 난 땅. 始祖(시조)의 故鄕(고향)
- 派(파): 始祖(시조)에서 시작하여 주의, 사상, 또는 행동 따위의 차이에 따라 갈라진 系派(계파)
- 代(대): 한 집안에서 이어 내려오는 血統(혈통)과 系譜(계보)

| 祖父 할아버지 | 漢字 / 한글 | | 祖母 할머니 | 漢字 / 한글 | | 外祖父 외할아버지 | 漢字 / 한글 | | 外祖母 외할머니 | 漢字 / 한글 |

본관: ___   본관: ___

| 父 아버지 | 漢字 / 한글 | 양·음 年 月 日 |
| 母 어머니 | 漢字 / 한글 | 양·음 年 月 日 |

형, 누나, 오빠, 언니 ← | 我 나 | 漢字 / 한글 | 양·음 年 月 日 | → 동생

| | 漢字 / 한글 | 양·음 年 月 日 |
| | 漢字 / 한글 | 양·음 年 月 日 |

동생:
| | 漢字 / 한글 | 양·음 年 月 日 |
| | 漢字 / 한글 | 양·음 年 月 日 |

親家(친가)
	漢字 / 한글	양·음 年 月 日
	漢字 / 한글	양·음 年 月 日
	漢字 / 한글	양·음 年 月 日

外家(외가)
	漢字 / 한글	양·음 年 月 日
	漢字 / 한글	양·음 年 月 日
	漢字 / 한글	양·음 年 月 日

* 부모님과 함께 나의 뿌리를 작성해 봅시다.

인성예절 5
• 지방 쓰기 사례

(색 부분을 수정하여 사용하시길 바랍니다.)

伯母 백모	父 부	母 모	祖父 조부	祖母 조모	曾祖父 증조부	曾祖母 증조모	高祖父 고조부	高祖母 고조모
顯현 伯백 母모 孺유 人인 金김 海해 金김 氏씨	顯현 考고 學학 生생 府부 君군 光광 山산 盧노 氏씨	顯현 妣비 孺유 人인 光광 山산 盧노 氏씨	顯현 祖조 考고 學학 生생 府부 君군	顯현 祖조 妣비 孺유 人인 德덕 水수 長장 氏씨	顯현 曾증 祖조 考고 學학 生생 府부 君군	顯현 曾증 祖조 妣비 孺유 人인 密밀 陽양 朴박 氏씨	顯현 高고 祖조 考고 學학 生생 府부 君군	顯현 高고 祖조 妣비 孺유 人인 丹단 陽양 禹우 氏씨
神신 位위	神신 位위	神신 位위	神신 位위	神신 位위	神신 位위	神신 位위	神신 位위	神신 位위

弟嫂 제수	弟 제	兄 형	兄嫂 형수	婦人 부인	男便 남편	叔父 숙부	叔母 숙모	伯父 백부
顯현 弟제 妣비 孺유 人인 淸청 州주 韓한 氏씨	亡망 弟제 學학 生생 이 름	顯현 兄형 學학 生생 府부 君군	顯현 兄형 妣비 孺유 人인 全전 州주 李이 氏씨	故고 室실 孺유 人인 漢한 陽양 趙조 氏씨	顯현 辟벽 學학 生생 府부 君군	顯현 叔숙 父부 學학 生생 府부 君군	顯현 叔숙 母모 孺유 人인 靑청 風풍 金김 氏씨	顯현 伯백 父부 學학 生생 府부 君군
神신 位위	神신 位위	神신 位위	神신 位위	神신 位위	神신 位위	神신 位위	神신 位위	神신 位위

- 제사를 모실 때 神位(신위)는 고인의 사진으로 하되 사진이 없으면 紙榜(지방)으로 대신한다. 지방은 깨끗한 백지에 먹으로 쓰며 그 크기는 **길이 22cm, 폭 6cm** 정도가 적당하다.
- 지방을 쓸 때는 청결해야 한다. 考(고)는 父(부)와 동일한 뜻으로 생전에는 父(부)라 하나, 死後(사후)에는 考(고)라 하며, 妣(비)는 母(모)와 같아 生前(생전)에는 母(모)라 하고, 死後(사후)에는 妣(비)라 한다.
- 남자의 지방을 쓸 때 벼슬이 없으면 **學生(학생)**으로 쓰고, 벼슬이 있었으면 그 관직을 그대로 쓴다. 따라서 配位(배위 : 아내)도 **孺人(유인)** 대신 貞敬夫人(정경부인)이라고 쓴다.
- 여자의 경우 孺人(유인) 다음에 **본관과 성씨**를 쓰고, 아내의 제사인 경우 자식이 있어도 남편이 **祭主(제주)**가 된다.
- 자식의 경우는 손자가 있어도 아버지가 **祭主(제주)**가 된다.

인성예절 6 · 祭需(제수)의 陳設(진설) 방법 및 제사상 차림도

　제수의 진설은 각 지방의 관습이나, 풍속, 그리고 가문의 전통에 따라 조금씩 다르다. 그래서 家家禮(가가례)라도 하며 "남의 제사에 감 놓아라 배 놓아라 하고 참견 말라."는 풍자적인 말까지 나오게 된 것이다. 祭主(제주)가 제상을 바라보아 오른쪽은 東(동), 왼쪽을 西(서)라 한다.

　진설의 순서는 맨 앞쪽에 과일, 둘째 줄에 포와 나물, 셋째 줄에 湯(탕), 넷째 줄에 炙(적:고기)과 煎(전), 다섯째 줄에 메(밥)와 갱(국)을 차례대로 놓는다. 추석에는 메(밥) 대신 송편을 쓰고, 설날 차례에는 떡국을 쓴다.

- 棗栗柿梨(조율시이) : 왼쪽(서쪽)에서부터 대추(조), 밤(율), 감(시), 배(이)의 순서로 놓는다.
- 紅東白西(홍동백서) : 붉은 과일은 오른쪽(동쪽)에 흰 과일은 왼쪽(서쪽)에 놓는다.
  ※참고: 실제 제사상 차림도와 차이가 있음(예: 대추 등)
- 生東熟西(생동숙서) : 김치는 오른쪽(동쪽)에 나물은 왼쪽(서쪽)에 놓는다.
- 左脯右醯(좌포우혜) : 포는 왼쪽(서쪽)에 젓갈은 오른쪽(동쪽)에 놓는다.
- 魚東肉西(어동육서) : 생선은 오른쪽(동쪽)에 육류는 왼쪽(서쪽)에 놓는다.
- 頭東尾西(두동미서) : 생선의 머리는 오른쪽(동쪽)으로 꼬리는 왼쪽(서쪽)으로 놓는다.
- 乾左濕右(건좌습우) : 마른 것은 왼쪽(서쪽)에 젖은 것은 오른쪽(동쪽)에 놓는다.
- 摺東盞西(접동잔서) : 접시는 오른쪽(동쪽)에 놓고, 잔은 왼쪽(서쪽)으로 놓는다.
- 男左女右(남좌여우) : 제사 상의 왼쪽(서쪽)은 남자, 여자는 오른쪽(동쪽)에 선다.
- 左飯右羹(좌반우갱) : 메(밥)은 왼쪽(서쪽), 갱(국)은 오른쪽(동쪽)에 놓는다.
  ※ 참고 : 棗(대추)는 씨가 하나로 나라의 임금을 뜻하고, 栗(밤)은 세 톨로 삼정승, 柿(감, 곶감)은 여섯 개로 육방관속, 梨(배)는 여덟 개로 팔도 관찰사를 뜻함

제사상 차림도

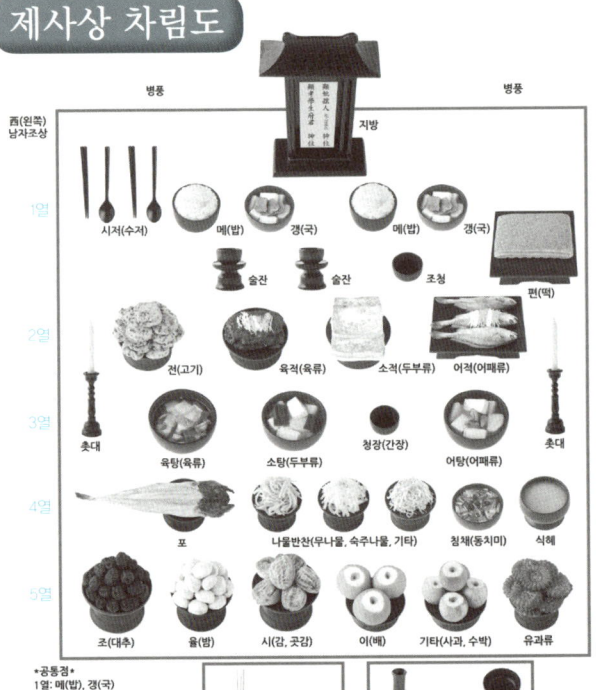

■ 양위합제 = 두 분을 모실 때
　*한 분을 모실 때는 메(밥)와 갱(국)을 한 그릇만 놓는다.
- 1열 : 시저(수저) · 메(밥) · 갱(국) · 메(밥) · 갱(국) · 술잔 · 술잔 · 초청 · 편(떡)
- 2열 : 전(고기, 채소) · 육적(육류) · 소적(두부류) · 어적(어패류)
- 3열 : 육탕(육류) · 소탕(두부류) · 청장(간장) · 어탕(어패류)
- 4열 : 포 · 나물 · 반찬(무나물, 숙주나물, 기타) · 침채(동치미) · 식혜
- 5열 : 棗(대추) · 栗(밤) · 柿(감, 곶감) · 梨(배) · 기타(사과, 수박 등) · 과자류
- 향로 향합
- 제주 잔 퇴줏그릇
  *축판 : 축문을 얹어 놓은 널조각
  *帽紗(모사) 그릇 : 술을 따르는 그릇에 담은 모래와 거기에 꽂은 띠의 묶음을 담는 그릇

제사의 순서

제사의 순서	의미	내용
1. 降神(강신) 조상을 모심	조상을 모심	❶ (제주) 향을 피운다. ❷ (집사) 제주에게 술을 따라준다. 　* 香(향)은 떠다니는 魂(혼)을 부르는 것이다. ❸ (제주) 술을 모사그릇에 조금씩 세 번 붓는다. 　* 酒(주)는 지하의 魄(백)을 부르는 것이다. ❹ (제주) 두 번 절을 한다.
2. 參神(참신) 문안 인사	조상에 대한 인사	(전원) 제사 참가자 모두 합동으로 두 번 절을 한다.
3. 初獻(초헌) 첫 잔을 드림		❶ (제주) 향을 피운다. ❷ (집사) 남자조상 잔을 제주에게 주고 술을 가득 부어준다. ❸ (제주) 모사그릇에 조금씩 세 번 붓는다. ❹ (제주) 7부 정도 남은 술을 집사에게 준다. ❺ (집사) 술잔을 밥과 국 사이에 놓고 젓가락을 음식 위에 놓는다. ❻ (제주) 두 번 절을 한다.
4. 讀祝(독축) 축문 읽기		❶ (전원) 모두 꿇어 앉는다.　❷ (제주) 축문을 읽는다. ❸ (전원) 두 번 절을 한다.
5. 亞獻(아헌) 둘째 잔을 드림		첫 잔 드림의 절차와 동일(단, 모사그릇에 술을 따르는 절차는 생략한다.) * 맏며느리(宗婦)나 근친자가 술잔을 올린다.
6. 終獻(종헌) 끝잔을 드림		첫 잔 드림의 절차와 동일(단, 모사그릇에 술을 따르는 절차는 생략하고, 술은 7부로 따른다.) * 맏사위가 술잔을 올린다. * 제주 외에 연장자가 술잔을 올린다.
7. 侑食(유식) 식사 권유	조상이 음식을 드심	❶ (제주) 술 주전자를 들고 남자조상의 잔과 여자조상의 잔에 술을 가득 따른다. ❷ (집사) 메(밥) 뚜껑을 열고 숟가락을 메 한가운데 꽂는다.插匙(삽시) ❸ (집사) 젓가락은 손잡이가 서쪽으로 향하게 놓는다. ❹ (제주/집사) 같이 두 번 절을 한다.
8. 獻茶(헌다) 숭늉을 올림		예전에는 식사 권유 후 조상께서 편히 식사를 하시라는 의미로 문 밖에 나가 잠시 기다린 다음 숭늉을 올렸다. 요즘은 집 구조상 참사자(參祀者)들이 잠시 무릎을 꿇고 대기한 후 숭늉을 올리기도 한다. ❶ (제주) 국을 물리고 숭늉을 올린다. ❷ (제주) 밥을 숭늉에 세 숟가락 말아 놓고 젓가락을 고른다.
9. 辭神(사신) 작별 인사	조상을 보내 드림	(전원) 제사 참사자(參祀者) 모두 합동으로 두 번 절을 한다.
10. 納主(납주) 지방 소각		(제주) 향 앞에서 지방과 축문을 소각하여 재는 향로에 담는다.
11. 撤床(철상) 제상 정리		안쪽에 있는 음식부터 차례로 음식을 내린다.
12. 飮福(음복)		제사를 지내고 난 뒤 제사에 쓴 음식을 나누어 먹음.(자손은 祖上(조상)에게 孝道(효도), 祖上(조상)은 子孫(자손)에게 福(복)을 준다는 의미)

四季節(사계절) 및 24節候(절후)

1. 봄(春) : 立春(입춘) 雨水(우수) 驚蟄(경칩) 春分(춘분) 淸明(청명) 穀雨(곡우)

季節 (계절)	節氣名 (절기명)	陽曆 (양력)		陰曆 (음력)	氣候(기후)의 特徵(특징)
봄 (春)	立春(입춘)	2월	3~5일	1월	겨울의 절정에서 봄이 조금씩 움튼다. (봄의 시작)
	雨水(우수)		18~20일		얼음이 녹고, 초목이 싹트기 시작한다. (봄비가 내리고 싹이 틈)
	驚蟄(경칩)	3월	5~6일	2월	겨울잠을 자던 벌레들이 깨어난다. (개구리가 겨울잠에서 깸)
	春分(춘분)		20~22일		낮과 밤의 길이가 같고, 봄기운이 무르익는다.(낮이 길어지기 시작함)
	淸明(청명)	4월	4~5일	3월	하늘은 맑고, 날씨는 따뜻하다. (봄 농사의 준비)
	穀雨(곡우)		20~21일		농사를 재촉하는 비가 내린다. (농사비가 내림)

2. 여름(夏) : 立夏(입하) 小滿(소만) 芒種(망종) 夏至(하지) 小暑(소서) 大暑(대서)

季節 (계절)	節氣名 (절기명)	陽曆 (양력)		陰曆 (음력)	氣候(기후)의 特徵(특징)
여름 (夏)	立夏(입하)	5월	5~6일	4월	어느새 여름의 문턱에 들어선다. (여름의 시작)
	小滿(소만)		20~21일		작은 꽃들이 피고, 여름 기운이 서서히 감돈다.(본격적인 농사의 시작)
	芒種(망종)	6월	5~6일	5월	보리는 익어서 거두고, 모심기를 하게 된다.(씨 뿌리기)
	夏至(하지)		21~23일		낮이 가장 길어지고, 해가 뜨거워진다. (낮이 연중 가장 긴 시기)
	小暑(소서)	7월	6~8일	6월	본격적인 무더위가 시작된다. (여름 더위의 시작)
	大暑(대서)		22~23일		이윽고 무더위가 최고 절정에 이른다. (더위가 가장 심한 시기)

3. 가을(秋) : 立秋(입추) 處暑(처서) 白露(백로) 秋分(추분) 寒露(한로) 霜降(상강)

季節 (계절)	節氣名 (절기명)	陽曆 (양력)		陰曆 (음력)	氣候(기후)의 特徵(특징)
가을 (秋)	立秋(입추)	8월	7~8일	7월	더위가 약간 수그러들면서 가을에 접어 든다.(가을의 시작)
	處暑(처서)		22~23일		아침, 저녁으로 시원해지며 더위가 수그러든다.(더위가 가고, 일교차가 커짐)
	白露(백로)	9월	7~8일	8월	풀잎에 이슬이 맺히며, 가을 기분이 난다.(이슬이 내리기 시작)
	秋分(추분)		22~24일		낮과 밤의 길이가 같으며, 완연한 가을이다.(밤이 길어지는 시기)
	寒露(한로)	10월	7~9일	9월	찬 이슬이 맺히고, 날씨가 서늘해진다.(찬 이슬이 내리기 시작)
	霜降(상강)		23~24일		서리가 내리면서 가을이 깊어간다.(서리가 내리기 시작)

4. 겨울(冬) : 立冬(입동) 小雪(소설) 大雪(대설) 冬至(동지) 小寒(소한) 大寒(대한)

季節 (계절)	節氣名 (절기명)	陽曆 (양력)		陰曆 (음력)	氣候(기후)의 特徵(특징)
겨울 (冬)	立冬(입동)	11월	7~8일	10월	어느덧 날씨가 추워지며 겨울이 시작된다.(겨울의 시작)
	小雪(소설)		22~23일		눈이 조금씩 내리기 시작한다.(얼음이 얼기 시작)
	大雪(대설)	12월	6~7일	11월	큰 눈이 내리며 본격적으로 추워진다.(겨울 큰 눈이 옴)
	冬至(동지)		21~23일		밤이 가장 길어지며, 겨울의 복판에 든다.(밤이 연중 가장 긴 시기)
	小寒(소한)	1월	5~7일	12월	한겨울이 닥쳐와 날씨가 몹시 추워진다.(겨울 추위 한 차례)
	大寒(대한)		20~21일		매섭고 큰 추위가 몰아쳐서 엄동설한이 된다.(겨울 큰 추위)

인성예절 9
十干(십간) 및 十二支(십이지)

十干(십간): 植物(식물)의 成長過程(성장과정)을 10段(단)으로 나눈 것이다.

日이고, 幹이다.

- 甲(갑) : 껍질을 벗기고 뿌리를 내린 모양이다.
- 乙(을) : 싹이 꼬불거리며 가까스로 오르는 모양이다.
- 丙(병) : 안(땅속)에서 밖으로 나온다.
- 丁(정) : 땅 위에서 부쩍 자라는 모양으로, 구부러지기 시작한다.
- 戊(무) : 상하로 기가 통한다.(솎아내는 단계)
- 己(기) : 완성이 되면 구부러져 자기를 알게 된다.
- 庚(경) : 여문다. 창고에 손써서 들여놓음
- 辛(신) : 여문 것이 묵은 것이다. 창고 안에서 변질된다.
- 壬(임) : 새로운 씨로 재생되기 시작한다.
- 癸(계) : 사방에서 화살이 날아와 죽는 모양으로, 끝이니 다시 태어나는 단계이다.
  * 干(간)은 강하며 陽(양)이 되고, 성격은 명랑하고 외향적이며 적극적이다.
  * 天干(천간)은 항상 움직이며 쉬지 않는다.

十二支(십이지): 동물의 一生(일생)이다.

月이고, 枝이다.

子	丑	寅	卯	辰	巳
子時(자시)	丑時(축시)	寅時(인시)	卯時(묘시)	辰時(진시)	巳時(사시)
밤 11~1시	밤 1~3시	밤 3~5시	새벽 5~7시	아침 7~9시	오전 9~11시
11월	12월	1월	2월	3월	4월

午	未	申	酉	戌	亥
午時(오시)	未時(미시)	申時(신시)	酉時(유시)	戌時(술시)	亥時(해시)
낮 11~1시	낮 1~3시	오후 3~5시	저녁 5~7시	밤 7~9시	밤 9~11시
5월	6월	7월	8월	9월	10월

- 子(자) 쥐 : 양기가 올라오기 시작하는 달
- 丑(축) 소 : 소의 손을 묶고 노는 달
- 寅(인) 호랑이 : 우주 속에 양기가 지상으로 비추기 시작
- 卯(묘) 토끼 : 창문을 열고 집과 들을 오고 감
- 辰(진) 용 : 식물과 동물들이 꿈틀대며 나오는 달
- 巳(사) 뱀 : 봄이 되어 비로소 뱀이 나오는 달
- 午(오) 말 : 사람의 행동이 가장 활발하고 버젓한 달
- 未(미) 양 : 가지에 달린 열매가 여물기 시작
- 申(신) 원숭이 : 해가 강렬하고, 벼락이 뿌리를 자극시키는 달
- 酉(유) 닭 : 추수감사로, 신곡으로 술을 빚는 달
- 戌(술) 개 : 사람이 창으로 희생을 마련, 준비하는 달
- 亥(해) 돼지 : 1년이 끝나서, 새로운 1년을 잉태하는 달
  * 支(지)는 부드러우며 陰(음)이 되고, 내성적이며 소극적이고 보수적 기질이 있다.
  * 地支(지지)는 항상 고정되어 변동이 없다.

四柱八字(사주팔자)

■ **四柱八字(사주팔자)는 十干(십간)과 十二支(십이지)입니다.**

十干(天/陽)

甲(갑) 乙(을) 丙(병) 丁(정) 戊(무) 己(기) 庚(경) 辛(신) 壬(임) 癸(계)

十二支(地/陰)

子(자) 丑(축) 寅(인) 卯(묘) 辰(진) 巳(사) 午(오) 未(미) 申(신) 酉(유) 戌(술) 亥(해)

十干(십간)인 甲(갑)과 十二支(십이지)인 子(자)가 결합되어 甲子年(갑자년)
　　″　　　乙(을)과　　　″　　　丑(축)이 결합되어 乙丑年(을축년)
　　″　　　丙(병)과　　　″　　　寅(인)이 결합되어 丙寅年(병인년)

태어난 해(2014년)가 甲午年(갑오년)이며,
태어난 달도 1월은 庚寅月 ~ 9월은 戊戌月…
태어난 날도 9월(음력) 8일은 己亥日이며,
태어난 시간도 지금(9~11시) 시간이 己巳時입니다.
태어난 年·月·日·時가 四柱(사주)이고, 四柱(사주)의 글자 수가 八字(팔자)입니다.

■ **나는 무슨 '띠'인지 알아봅시다.**

올해(2014년) 태어난 아이는 '말띠'입니다.
'띠'의 순서
子(자) : 쥐　　丑(축) : 소　　寅(인) : 호랑이　卯(묘) : 토끼
辰(진) : 용　　巳(사) : 뱀　　午(오) : 말　　　未(미) : 양
申(신) : 원숭이 酉(유) : 닭　 戌(술) : 개　　　亥(해) : 돼지
＊위의 12가지를 12地支(지지)라고 합니다.

甲(갑) 乙(을) 丙(병) 丁(정) 戊(무) 己(기) 庚(경) 辛(신) 壬(임) 癸(계)
＊위의 10가지를 10干支(간지)라고 합니다.

干支(간지)의 첫 번째인 甲(갑)과, 地支(지지)의 첫 번째인 子(자)를 합쳐 甲子年(갑자년)이라고 하며 '쥐띠'라고 합니다. 차례대로 두 번째인 乙(을)과 丑(축)을 합쳐 乙丑年(을축년)이라고 하며 그해에 태어난 사람을 '소띠'라고 합니다.
이렇게 干支(간지)는 6번, 地支(지지)는 5번을 순환하게 되면 60이 되는데, 이것을 합쳐 60甲子(갑자)라고 하며 '還甲(환갑)' 또는 '回甲(회갑)'이라고 하며 나이가 만 60세가 되는 해를 말합니다.

'띠'로 쓰이는 地支(지지)가 12가지이므로 12년마다 같은 띠가 태어나며 이것을 '띠동갑'이라고 합니다.
甲子(갑자), 乙丑(을축), 丙寅(병인), 丁卯(정묘), 戊辰(무진), 己巳(기사), 庚午(경오), 辛未(신미), 壬申(임신), 癸酉(계유), 甲戌(갑술), 乙亥(을해)의 순서로 순환됩니다.

六十甲子(육십갑자)

2015년(단기4348년) 乙未年 / 양(羊)띠

연도	나이	육갑	연도	나이	육갑	연도	나이	육갑
2015	1	乙未	1990	26	庚午	1965	51	乙巳
2014	2	甲午	1989	27	己巳	1965	52	甲辰
2013	3	癸巳	1988	28	戊辰	1963	53	癸卯
2012	4	壬辰	1987	29	丁卯	1962	54	壬寅
2011	5	辛卯	1986	30	丙寅	1961	55	辛丑
2010	6	庚寅	1985	31	乙丑	1960	56	庚子
2009	7	己丑	1984	32	甲子	1959	57	己亥
2008	8	戊子	1983	33	癸亥	1958	58	戊戌
2007	9	丁亥	1982	34	壬戌	1957	59	丁酉
2006	10	丙戌	1981	35	辛酉	1956	60	丙申
2005	11	乙酉	1980	36	庚申	1955	61	乙未
2004	12	甲申	1979	37	己未	1954	62	甲午
2003	13	癸未	1978	38	戊午	1953	63	癸巳
2002	14	壬午	1977	39	丁巳	1952	64	壬辰
2001	15	辛巳	1976	40	丙辰	1951	65	辛卯
2000	16	庚辰	1975	41	乙卯	1950	66	庚寅
1999	17	己卯	1974	42	甲寅	1949	67	己丑
1998	18	戊寅	1973	43	癸丑	1948	68	戊子
1997	19	丁丑	1972	44	壬子	1947	69	丁亥
1996	20	丙子	1971	45	辛亥	1946	70	丙戌
1995	21	乙亥	1970	46	庚戌	1945	71	乙酉
1994	22	甲戌	1969	47	己酉	1944	72	甲申
1993	23	癸酉	1968	48	戊申	1943	73	癸未
1992	24	壬申	1967	49	丁未	1942	74	壬午
1991	25	辛未	1966	50	丙午	1941	75	辛巳

* 回甲(회갑) : 육십갑자의 '甲'으로 되돌아 온다는 뜻(61세)
  進甲(진갑) : 回甲(회갑)보다 한 해 더 나아간 해(62세)

禮節(예절)의 常識(상식)

結婚式(결혼식)
祝축 祝축 祝축 祝축 賀하
結결 華화 聖성 盛성
婚혼 婚혼 婚혼 典전 儀의

回甲宴(회갑연)
祝축 祝축 祝축 祝축 壽수
回회 壽수 禧희
甲갑 宴연 宴연 儀의 儀의

初喪(초상)
弔조 賻부 謹근 奠전 香향
　　　　　　　　　燭촉
儀의 儀의 弔조 儀의 代대

四禮(관혼상제의 禮)
薄박 略약 微미 薄박 菲비
禮례 禮례 衷충 謝사 品품

大小喪(대소상)
奠전 香향 薄박 菲비 菲비
儀의 奠전 儀의 品품 儀의

脇書(협서)
平信(평신) : 일반적일 때
願書在中(원서재중) : 안에 원서가 들어
　　　　　　　　　있을 때
直披(직피) : 손아랫사람일 경우 남에게
　　　　　　보이지 않도록
親展(친전) : 타인에게 보이지 않도록
　　　　　　할 때
至急(지급), 火急(화급) : 시급할 때

稱號(칭호)
貴下(귀하) : 일반적으로 널리 쓰임
貴中(귀중) : 단체에 보낼 때
座下(좌하) : 공경해야 할 어른에게
先生(선생) : 은사나 사회적으로 이름난 분에게
女史(여사) : 일반 부인에게
大兄(대형)·仁兄(인형) : 친하고 정다운 사이
氏(씨) : 나이나 지위가 비슷한 사람에게
君(군), 兄(형) : 친한 친구에게
展(전), 卽見(즉견) : 손아랫사람에게
孃(양) : 처녀로서, 동년배 또는 아랫사람에게

결혼기념일
1주년 : 紙婚式(지혼식)
2주년 : 藁婚式(고혼식)
3주년 : 菓婚式(과혼식)
4주년 : 革婚式(혁혼식)
5주년 : 木婚式(목혼식)
7주년 : 花婚式(화혼식)
10주년 : 錫婚式(석혼식)
12주년 : 麻婚式(마혼식)
15주년 : 銅婚式(동혼식)
20주년 : 陶婚式(도혼식)
25주년 : 銀婚式(은혼식)
30주년 : 珍珠婚式(진주혼식)
35주년 : 珊瑚婚式(산호혼식)
45주년 : 紅玉婚式(홍옥혼식)
50주년 : 金婚式(금혼식)
60, 70주년 : 金剛婚式(금강혼식)

나이를 나타내는 호칭

나이	용어	풀이
2,3세	孩提(해제)	어린아이
15세	志學(지학)	학문에 뜻을 두는 나이
20세	弱冠(약관)	어린이가 성인식을 통해 어른의 관을 쓰는 나이
30세	而立(이립)	뜻을 확고하게 세우고 자립하는 나이
40세	不惑(불혹)	모든 사리판단에 의혹이 없는 나이. 사물의 이치를 터득하고, 세상일에 흔들리지 않을 나이
50세	知天命(지천명)	하늘이 내게 주신 명을 아는 나이
60세	耳順(이순)	인생의 경륜이 쌓이고 사려와 판단이 성숙하여 남의 말을 거슬리게 듣지 않을 수 있는 나이
61세	回甲(회갑)	60甲子(갑자)를 보내고 다시 처음으로 돌아온 나이
62세	進甲(진갑)	회갑보다 한 해 더 나아간 해라는 의미
70세	從心(종심)	하고 싶은 대로 행동하여도 도리에 어긋나지 않는 나이 從心所欲不踰矩(종심소욕불유구)
77세	喜壽(희수)	喜(희) 자를 草書(초서)로 쓸 때 '七十七'처럼 쓰는 데서 유래
80세	傘壽(산수)	傘(산) 자의 略字(약자)가 八(팔)을 위에 쓰고, 十(십)을 밑에 쓰는 것에서 유래
81세	半壽(반수)	半(반) 자를 破字(파자)하면 '八十一(팔십일)'이 되는 데서 유래
88세	米壽(미수)	米(미) 자를 破字(파자)하면 '八十八(팔십팔)'이 되는 데서 유래
90세	卒壽(졸수)	卒(졸)의 俗字(속자)가 九(아홉 구)자 밑에 十(열 십)자로 사용하는 데서 유래
91세	望百(망백)	백 살을 바라본다는 의미
99세	白壽(백수)	99세 때의 생신. 백(百, 100)에서 일(一)을 빼면(99세), 즉 白字(백자)가 됨
100세	上壽(상수)	사람의 수명을 상중하로 볼 때 최상의 수명이라는 뜻
	天壽(천수) = 天命(천명) : 타고난 수명	

인성예절 14

• 朝鮮時代 品階表(조선시대 품계표)

品階 품계		宗親府 종친부	內職(六曹·弘·藝文館등) 내직 육조 홍 예문관		外職 외직	外命婦 외명부
堂上官 당상관	正 1品 정 품	大君 대군	領·左 右相 영 좌 우상	領事 영사		貞敬夫人 정경부인
	從 1品 종 품	君 군	左·右贊成 좌 우찬성			奉保夫人 봉보부인
	正 2品 정 품	君 군	六曹 判書 육조 판서	大提學 대제학		貞夫人 정부인
	從 2品 종 품	君 군	六曹 參判 육조 참판	提學 제학	監司/府尹 감사/부윤	貞夫人 정부인
堂下官 당하관	正 3品 정 품	都正 도정	參議(正三上) 참의(정삼상)	副提學 부제학	牧使 목사	淑夫人 숙부인
	從 3品 종 품	副正 부정	參議(正三下) 참의(정삼하)	直提學 직제학	都護府使 도호부사	淑人 숙인
	正 4品 정 품	守 수		應敎 응교		令人 영인
	從 4品 종 품	副守 부수		副應敎 부응교	郡守 군수	令人 영인
參上官 참상관	正 5品 정 품		正郎 정랑	校理 교리		恭人 공인
	從 5品 종 품			副校理 부교리	縣令 현령	恭人 공인
	正 6品 정 품		佐郎 좌랑	修撰 수찬		宜人 선인
	從 6品 종 품			副修撰 부수찬	縣監·察訪 현감 찰방	宜人 선인
	正 7品 정 품			博士 박사		安人 안인
	······中 略······					
	從 9品 종 품	會士 회사		參奉 참봉		孺人 유인

以上은 朝鮮代의 重要한 品階만 拔萃한 것임
이상 조선대 중요 품계 발췌

중요 용어 해설

- 內職(내직) : 中央(중앙) 각 官衙(관아)의 京官職(경관직)을 말함
- 外職(외직) : 각 도의 觀察使(관찰사), 府尹(부윤), 牧使(목사), 縣令(현령), 縣監(현감)을 말함
- 追贈(추증) : 本人(본인)이 죽은 뒤에 주는 벼슬로 家門(가문)을 빛내게 하는 名譽職(명예직)
- 贈諡(증시) : 벼슬이 있던 자가 죽은 뒤에 나라에서 내리는 諡號(시호)(정2품 이상)
- 蔭職(음직) : 科擧(과거)를 거치지 않고 祖上(조상)의 功德(공덕)으로 받는 벼슬
- 外命婦(외명부) : 王族(왕족) 및 文武官(문무관)의 妻(처)가 夫職(부직)에 쫓아 받던 封爵(봉작)을 말함
- 進士(진사), 生員(생원) : 科擧(과거)의 小科(소과)에 합격한 사람. 大科(대과)는 과거 급제를 말함
- 成均館(성균관) : 國立大學(국립대학)으로서 進士(진사)와 生員(생원)이 工夫(공부)하던 곳
- 鄕校(향교) : 地方(지방)의 國立(국립) 高等學校(고등학교)
- 書院(서원) : 私立學校(사립학교)
- 書堂(서당) : 私設學院(사설학원)

선비의 하루

출처 : 소수서원, 선비촌